AF536803

Avocado Rezeptbuch

Das Kochbuch mit den leckersten und abwechslungsreichsten Avocado Rezepten für jeden Anlass

Verena Pluhm

Alle Ratschläge in diesem Buch wurden vom Autor und vom Verlag sorgfältig erwogen und geprüft. Eine Garantie kann dennoch nicht übernommen werden. Eine Haftung des Autors beziehungsweise des Verlags für jegliche Personen-, Sach- und Vermögensschäden ist daher ausgeschlossen.

Email: info@edition-lunerion.de
www.edition-lunerion.de

Psiana eCom UG
Berumer Str. 44
26844 Jemgum

Vorwort

Ob als Star beim gemütlichen Samstagsbrunch, Power-Booster im Salat oder schneller Brotbelag: Das kugelige Superfood macht immer eine gute Figur und ist darüber hinaus auch längst zur Deko-Ikone avanciert. Grund genug, den persönlichen Avocado-Horizont noch einmal zu erweitern, denn tatsächlich kann das gehaltvolle Gemüse noch viel mehr. Im Frühstückskuchen, als cremige Suppe oder im raffinierten Schokodessert – diese Rezepte zeigen Ihnen, wie Sie mit der Avocado so richtig kulinarisch kreativ werden können! Antioxidantien, Omega-3-Fettsäuren, Biotin und vieles mehr – die Avocado erfreut sich zu Recht seit Jahren immer größerer Beliebtheit, denn ihre inneren Werte sind kaum zu toppen. Nicht nur Vegetarier oder Veganer profitieren von ihrer einzigartigen Nährstoffkombination und neben UV-Schutz und Krebsvorbeugung werden ihr allerhand weitere Gesundheitsvorteile zugeschrieben. Dazu kommt: Ihr Geschmack ist so köstlich wie vielseitig einsetzbar und verleiht von der Suppe über den Salat bis zum Dessert sämtlichen Speisen das gewisse geschmackliche Extra. Die herrlich cremige Konsistenz in Verbindung mit dem leicht nussig-frischen Aroma harmoniert perfekt mit den unterschiedlichsten Zutaten. Erleben Sie die fruchtige Leichtigkeit von Avocado-Gurkenröllchen, genießen Sie deftiges Rinderhack, lassen Sie sich von Avocado-Lachs-Pizza begeistern und von Mandel-Avocado-Brownies überraschen!

Guten Appetit!

INHALT

Wissenswertes

Die Avocado stammt aus Mittelamerika und wird heute in tropischen und subtropischen Gebieten weltweit angebaut. Es gibt etwa 400 verschiedene Sorten, welche diverse Unterschiede in Farbe, Form, Geschmack und der Struktur ihrer Schale zeigen. Hierzulande sind die Fuerte-Avocado und die Hass-Avocado die gängigsten Arten.

Erstere weist eine matte, aber glatte Schale auf und hat eine birnenartige Form. Im Gegensatz zu anderen Avocado-Arten bleibt die Schale der Fuerte-Avocado grün und verändert ihre Farbe nicht. Sie wird in Ländern wie Spanien, Kenia, Israel und Südafrika angepflanzt.

Letztere, die Hass-Avocado, weist eine genoppte, grüne Schale auf, die im Reifungsprozess dunkler wird. Angebaut wird sie unter anderem in Mexiko, Peru, Spanien und Israel. Sie hat einen nussigen Geschmack.

Die Avocado gilt – mit ihren wertvollen Inhaltsstoffen – generell als ein echtes Superfood. Sie versorgt unseren Körper mit zahlreichen Vitaminen, Antioxidantien und Mineralstoffen und trägt dadurch in erheblicher Weise zu einem gesunden Lebensstil bei. Zwar weist die Avocado, wie Sie feststellen werden, einen relativ hohen Fettgehalt auf, bei diesem Fett handelt es sich aber um die gesunden und wertvollen Omega-3-Fettsäuren, welche sich beispielsweise positiv auf das Herz-Kreislauf-System auswirken können und entzündungshemmend wirken. Der Frucht wird unter anderem nachgesagt, sie mache klüger, beuge Alzheimer oder Krebs vor und schütze die Haut und die Augen vor UV-Strahlen. Meistens werden Avocados roh verzehrt, sodass alle Nährstoffe auch erhalten bleiben.

Doch die Avocado versorgt unseren Körper nicht nur innerlich mit diversen Nährstoffen, das in der Avocado enthaltene Biotin verleiht dem Haar zum Beispiel einen schönen Glanz und das in ihr enthaltene Vitamin A sorgt für einen strahlenden Hautteint. Die Frucht wird demnach auch sehr gerne für die Zubereitung von Haarkuren, Gesichtsmasken oder Cremes verwendet. Auch in diesem Rezeptbuch findet sich am Ende ein Bonuskapitel, mit dessen Hilfe Sie einige „Rezepte" für die äußerliche Anwendung einer Avocado finden und ausprobieren können.

Bei dem Kauf von Avocados gibt es ein paar wenige Dinge, die Sie beachten sollten:

Die meisten Avocados im Supermarkt sind unreif, was Sie daran erkennen, dass die Frucht noch hart ist. Möchten Sie mit der Zubereitung eines Rezeptes aus diesem Kochbuch beginnen und benötigen eine reife Avocado, versuchen Sie, den kleinen Stiel auf der Oberseite der Frucht herauszuziehen. Wenn die Avocado reif ist, lässt dieser sich ganz leicht entfernen. Ist das nicht der Fall, muss sie noch eine Weile reifen. Auch spielt die Farbe unter dem Stiel eine Rolle: Ist die kleine Öffnung gelblich-grün, ist die Avocado reif, sollte sie hingegen bräunlich oder schimmelig sein, ist die Avocado bereits überreif. Auch riecht eine reife Frucht gut und schmeckt nussig und vollmundig. Eine noch unreife Avocado schmeckt säuerlich und fade.

Achten Sie im Supermarkt darauf, dass die Avocado keine Risse o. Ä. hat, denn dann verdirbt das Fruchtfleisch an dieser Stelle. Avocados sind also empfindlicher als andere Früchte. Um die Avocado reifen zu lassen, ist die beste Methode, sie zusammen mit einem Apfel in Zeitungspapier einzuwickeln und ein paar Tage lang bei Zimmertemperatur zu lagern. Der Apfel beschleunigt diesen Prozess, weil er Reifegase abgibt. Wenn Ihnen das zu aufwendig ist oder Sie kein Zeitungspapier zur Hand haben, können Sie die Avocado natürlich auch einfach so bei Zimmertemperatur lagern, bis sie weicher geworden ist. Denken Sie nur daran, dass die Frucht im Kühlschrank nicht wirklich reifen kann. Legen Sie sie deshalb nur dort hinein, wenn die Avocado bereits sehr weich ist, Sie sie aber erst in ein paar Tagen für ein Rezept verwenden wollen. Benötigen Sie also für eines der folgenden Rezepte eine reife oder sehr reife Avocado, haben Sie im Blick, dass Sie diese ein paar Tage vorher im Supermarkt kaufen müssen.

Wenn Sie Rezepte mit einer Avocado kochen, gehen nicht nur einige der wertvollen Vitamine verloren, nein, die Frucht schmeckt durch einen längeren Kochvorgang bitter, was Sie das ganze Gericht kosten kann. Sie können aber ohne Bedenken schnelle Gerichte zubereiten, beispielsweise ein leckeres Pesto unter die Pasta rühren, die Frucht unter eine Soße rühren oder aber ein Gericht mit ihr überbacken oder eine Avocado-Suppe kochen. Wichtig ist nur, die Frucht so kurz wie möglich zu kochen.

Ein weiterer Küchentipp: Das Fruchtfleisch der Avocado wird nach dem Anschnitt schnell braun. Um dies zu verhindern, **beträufeln Sie die Avocado immer mit Zitronen- oder Limettensaft** (das ist der einfachste Weg) oder verzehren Sie Ihr Essen sofort. Aber keine Sorge, dabei geht es nur um die Optik, der Geschmack verändert sich nicht. Erst, wenn die angeschnittene Avocado für eine längere Zeit im Kühlschrank liegt, wird sie matschig werden und ist nicht mehr wirklich genießbar. Weist die Avocado hingegen schon braune Stellen oder Flecken nach dem Anschnitt auf, ist sie im Regelfall nicht mehr genießbar oder die braunen Stellen müssen herausgeschnitten werden.

Wie Sie sehen werden, lassen sich die unterschiedlichsten Rezepte zu jeder Mahlzeit mit Avocados zubereiten, sei es als Basiszutat, in einer Soße oder als Topping. Avocados runden die hier aufgelisteten Rezepte perfekt ab und liefern dem Körper zusätzlich eine ordentliche Portion an Vitaminen und Nährstoffen. So können Sie zu jeder Tageszeit leckere, vielfältige und gesunde Rezepte zubereiten!

Frühstück

GEBACKENE AVOCADO MIT EI

1 Port.

20 Min.

Leicht

Zutaten

1 Avocado
2 Eier
Salz und Pfeffer
Kräuter n. B.

Nährwerte p. P.

451 kcal
18 g Kohlenhydrate
38 g Fett
15 g Eiweiß

1 Avocado halbieren, entsteinen und die Mulde etwas vergrößern, sodass ein Ei hineinpasst.

2 Avocado-Hälften in eine Auflaufform legen und in die Mulde jeweils ein Ei hineinschlagen. Avocado salzen und pfeffern.

3 Avocado bei 195 °C Umluft 16-18 Minuten backen. Herausnehmen und mit Kräutern bestreuen.

Tipp: Sie können die Füllung beliebig erweitern. Geben Sie z. B. Gemüse wie Tomatenwürfel und Zwiebeln oder aber Speckwürfel mit dem Ei in die Avocadohälften!

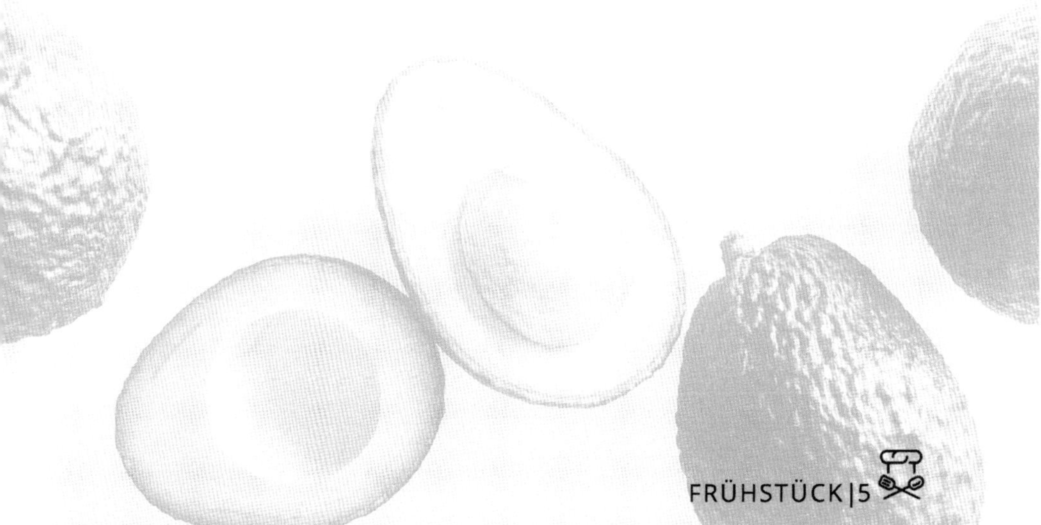

ÜBERBACKENE TACOS

2 Port. 20 Min. Leicht

Zutaten

1 Avocado
2 Tacos
2 Eier
35 g Fetakäse
1 EL Cayennepfeffer
Saft einer Zitrone
5 Cocktailtomaten
Etwas Salz

Nährwerte p. P.

348 kcal
22 g Kohlenhydrate
26 g Fett
12 g Eiweiß

1 Avocado schälen und mit dem Zitronensaft und dem Pfeffer pürieren.

2 Tacos auf ein mit Backpapier belegtes Blech geben und mit der Creme bestreichen. Dabei mittig eine Mulde formen und die Eier dort hineinschlagen.

3 Tomaten säubern, in Scheiben schneiden und um das Ei herum legen. Mit Feta bestreuen und mit Salz würzen.

4 Tacos bei 175 °C Umluft im vorgeheizten Ofen 6-8 Minuten backen.

AVOCADO-HIMBEER-GLAS

2 Port.

10 Min.

Leicht

Zutaten

1 Avocado
140 ml Wasser
½ EL Mandelmus
¼ Limette
170 g Joghurt
(3,5 % Fett)
140 g Himbeeren
30 g Kakaonibs
30 g Mandeln
3 entsteinte getrocknete
Datteln
1 Msp. Vanille
(gemahlen)

Nährwerte p. P.

479 kcal
30 g Kohlenhydrate
36 g Fett
13 g Eiweiß

1 Avocado halbieren, entsteinen und Fruchtfleisch klein schneiden. Zusammen mit den Datteln in einen Mixer geben. Limette pressen und den Saft, das Mandelmus, die Vanille und 95 ml Wasser ebenfalls in den Mixer geben und alles pürieren.

2 Masse in zwei Gläser geben und 90 g Joghurt auf beide Gläser verteilen.

3 Himbeeren mit dem übrigen Wasser und dem restlichen Joghurt mixen und auf den Joghurt in den Gläsern geben.

4 Mandeln hacken und mit den Kakaonibs auf die Himbeerschicht streuen.

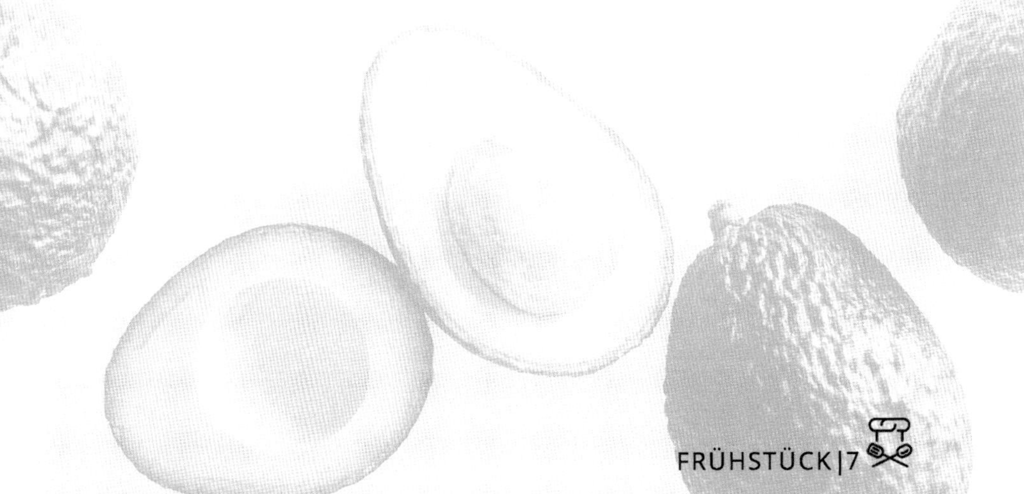

FRÜHSTÜCKSQUESADILLAS

  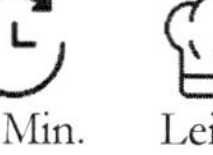 

2 Port. 25 Min. Leicht

Zutaten

95 g Avocado (Fruchtfleisch)
95 g Mais (aus der Dose)
2 Scheiben Bacon
4 kleine Wraps
45 g geriebener Käse (z. B. Emmentaler)
95 g schwarze Bohnen (aus der Dose)
1 Zwiebel
2 Tomaten
40 g saure Sahne (10 % Fett)
Etwas Öl
Salz und Pfeffer

Nährwerte p. P.

521 kcal
54 g Kohlenhydrate
27 g Fett
19 g Eiweiß

1 Tomaten säubern und klein schneiden. Zwiebel schälen und würfeln. Avocado halbieren, entsteinen und Fruchtfleisch in Scheiben schneiden.

2 Bacon in einer Pfanne mit etwas Öl gut anbraten, dann herausnehmen und in grobe Stücke brechen.

3 Bohnen und Mais abgießen. Wraps mit der sauren Sahne bestreichen. Zwei der Wraps mit Zwiebelwürfeln, Tomatenstücken, Mais, Bohnen, Bacon, Avocado und Käse bestreuen und dabei am Rand etwas Platz lassen. Würzen und die beiden anderen Wraps darauflegen.

4 Wraps in einer beschichteten Pfanne ohne Öl 3-4 Minuten von beiden Seiten anbraten. Anschließend in vier Teile schneiden und servieren.

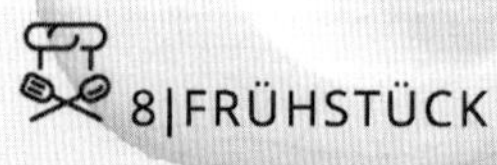

AVOCADO-SANDWICH

4 Port.

15 Min.

Leicht

Zutaten

3 reife Avocados
8 Scheiben Mehrkornbrot
1 Limette
8 Blätter Kopfsalat
¼ Gurke
8 Radieschen
1 Handvoll Sprossen
Salz und Pfeffer

Nährwerte p. P.

385 kcal
40 g Kohlenhydrate
24 g Fett
9 g Eiweiß

1 Avocados halbieren, entsteinen und das Fruchtfleisch in ein hohes Gefäß geben. Limette auspressen und den Saft sowie etwas Salz und Pfeffer dazugeben und alles etwas pürieren, sodass die Creme stückig bleibt.

2 Gurke säubern und in lange, feine Streifen schneiden. Salat und Sprossen säubern und trocken schütteln. Radieschen säubern und in Scheiben schneiden.

3 Vier Brotscheiben großzügig mit der Avocadocreme bestreichen und gezupfte Salatblätter, Gurkenstreifen, Sprossen sowie Radieschen darauf anrichten. Übrige Brotscheiben aufsetzen und das Brot als Sandwich genießen.

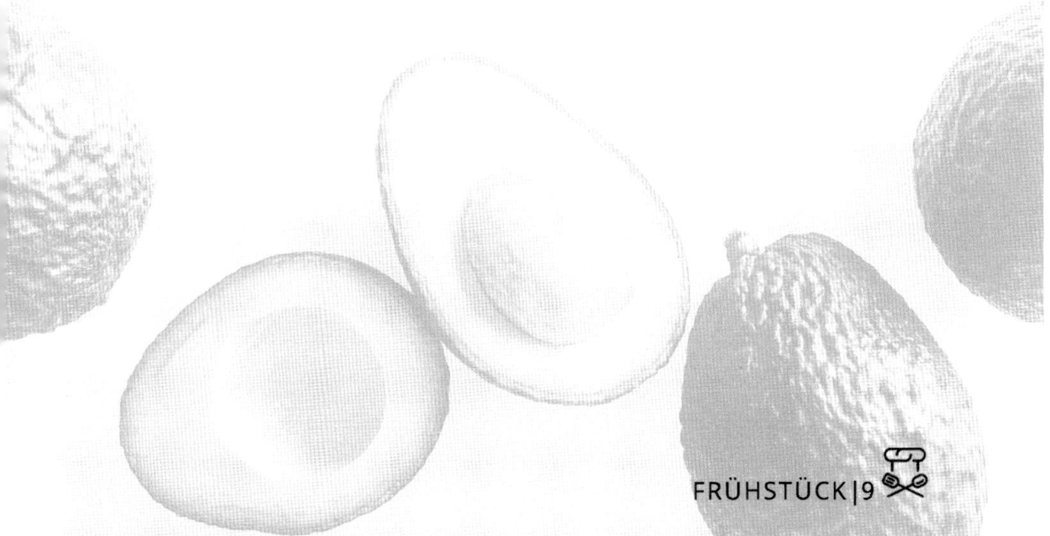

FRÜHSTÜCKSKUCHEN

2 Port. 15 Min. Leicht

Zutaten

½ Avocado
½ Brokkoli
1 Banane
½ Zucchini
2 Eier
1 Msp. Zimt
30 g Dattelpaste oder Honig
1 Prise Salz

Nährwerte p. P.

300 kcal
41 g Kohlenhydrate
13 g Fett
13 g Eiweiß

1 Avocado, Dattelpaste, Banane, Eier, Zimt und Salz mixen. Zucchini reiben und Brokkoli grob hacken. Avocadomischung unterheben und alles in eine Schale geben, die für die Mikrowelle geeignet ist.

2 Kuchen je nach Mikrowelle 6-8 Minuten erwärmen (also nicht die höchste Stufe der Mikrowelle verwenden!), bis er fest geworden ist. Schale herausnehmen, Kuchen auf einen Teller stürzen und genießen.

BROT MIT AVOCADO UND KÄSE-RÜHREI

2 Port.

20 Min.

Leicht

Zutaten

1 Avocado
½ Topf Schnittlauch
2 TL Öl
1 große Tomate
1 TL Butter
2 Scheiben Roggenbrot
4 Eier
30 g Parmesan (gerieben)
Salz und Pfeffer

Nährwerte p. P.

526 kcal
26 g Kohlenhydrate
39 g Fett
22 g Eiweiß

1 Schnittlauch säubern und klein schneiden. Tomate ebenfalls säubern und würfeln. Avocado schälen, entsteinen und in Scheiben schneiden. Brot in einer beschichteten Pfanne von jeder Seite 2 Minuten braten, dann herausnehmen.

2 Butter und Öl in die Pfanne geben. Eier verquirlen und salzen. Dann unter Rühren 3 Minuten in der Pfanne braten. Käse darüberstreuen und schmelzen lassen. Tomatenwürfel dazugeben.

3 Rührei und Avocadoscheiben auf dem gerösteten Brot anrichten, pfeffern und mit dem Schnittlauch bestreuen.

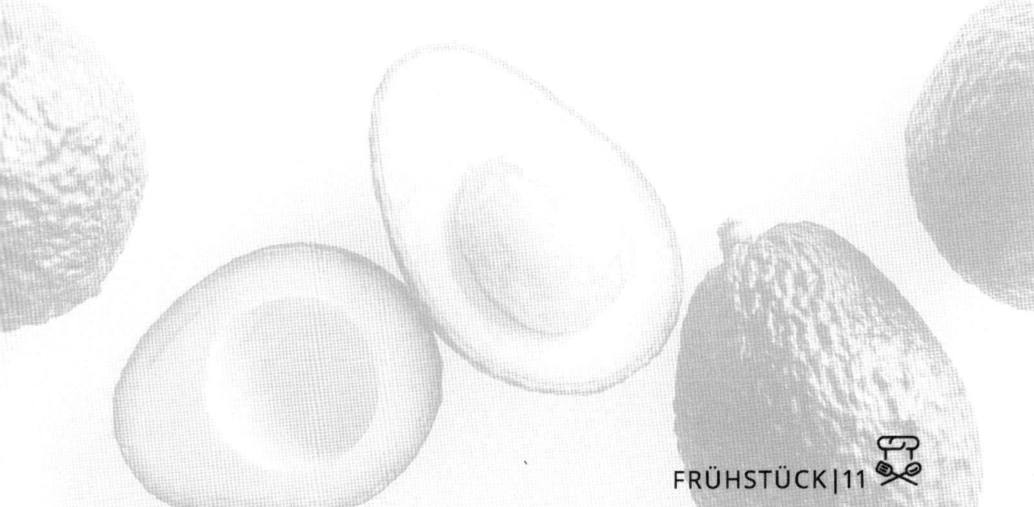

AVOCADO-FRÜHSTÜCKS-PANCAKES

3 Port. 35 Min. Leicht

Zutaten

120 g Avocado (püriert)
95 g Buchweizenmehl
120 g Weizenmehl
30 g Zucker
1 TL Natron
1 Msp. Salz
120 ml Buttermilch
30 ml Vollmilch
1 Ei
90 g Blaubeeren
Etwas Butter
4 EL Ahornsirup

Nährwerte p. P.

527 kcal
91 g Kohlenhydrate
13 g Fett
13 g Eiweiß

1 Beide Mehlsorten mit Natron, Zucker und Salz vermengen. In einer anderen Schale Milch, Buttermilch, das Ei und das Avocadopüree mixen. Beide Mischungen verrühren und 70 g der Beeren säubern und unterheben. Teig 20 Minuten stehen lassen.

2 Butter in einer Pfanne erwärmen und Pancakes aus dem Teig braten. Diese mit Ahornsirup beträufeln und mit ein paar Blaubeeren dekorieren.

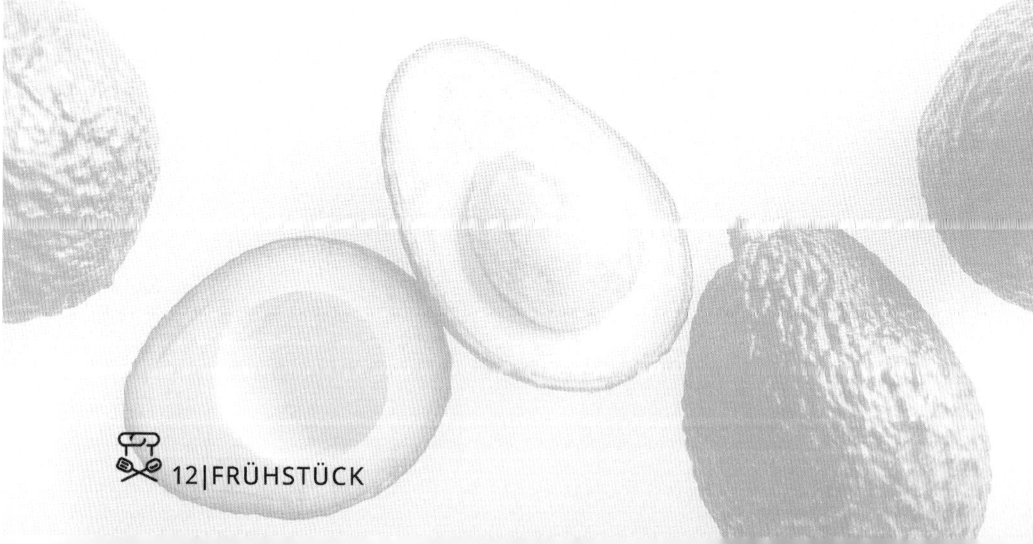

Vorspeisen

AVOCADO-LACHS-TATAR

4 Port. 45 Min. Leicht

Zutaten

Für den Lachs:
580 g Lachsfilet
Saft einer Zitrone
1 Bund Frühlingszwiebeln
1 Schuss Tabasco
2 TL Öl
3 EL gemischte Kräuter
Salz und Pfeffer

Für die Creme:
3 Avocados
40 ml Olivenöl
30 ml Limettensaft
Etwas Salz und Pfeffer

Nährwerte p. P.

659 kcal
15 g Kohlenhydrate
53 g Fett
34 g Eiweiß

1 Lachs in Würfel schneiden. Frühlingszwiebeln säubern und klein schneiden. Beides vermischen, salzen, pfeffern und das Öl unterrühren. Kräuter ebenfalls unterrühren, dann Zitronensaft und Tabasco zugeben. Eine Weile kühl stellen.

2 Avocados halbieren, entsteinen und Fruchtfleisch herauslöffeln sowie würfeln. Mit Limettensaft, Salz, Pfeffer und Öl vermengen.

3 Aus der Avocadomischung Quadrate formen und diese auf Teller setzen. Das Gleiche mit dem Lachstatar machen und dieses daraufsetzen.

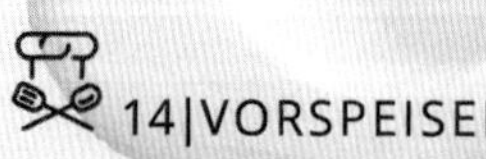

AVOCADO-RUCOLA-SALAT MIT KIRSCHTOMATEN

4 Port.

10 Min.

Leicht

Zutaten

Für das Dressing:
½ Handvoll Schnittlauch
30 ml Olivenöl
30 ml Obstessig
30 ml Zitronensaft
Meersalz und Pfeffer

Für den Salat:
2 Avocados
110 g Rucola
190 g Kirschtomaten

Nährwerte p. P.

246 kcal
12 g Kohlenhydrate
23 g Fett
3 g Eiweiß

1 Für das Dressing Schnittlauch säubern, klein schneiden und mit den übrigen Zutaten vermengen.

2 Rucola säubern und trocken schütteln. Tomaten säubern und halbieren. Avocados halbieren, entsteinen, die Schale abziehen und das Fruchtfleisch in Scheiben schneiden.

3 Rucola, Tomaten und Avocadoscheiben auf vier Tellern anrichten und das Dressing darübergeben.

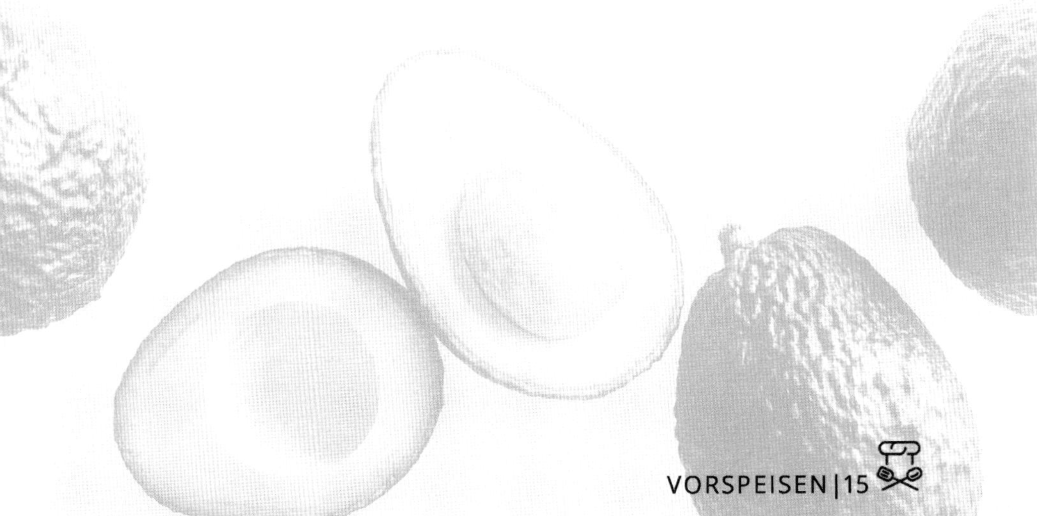

KALB-AVOCADO-ROLLEN

4 Port.

1 Std. 40 Min.

Leicht

Zutaten

3 Avocados
480 g Kalbsfilet
2 TL Olivenöl
30 ml Zitronensaft
½ TL Wasabi
1 TL Paprikagewürz, edelsüß
2 Chilischoten
Salz und Pfeffer

Nährwerte p. P.

401 kcal
15 g Kohlenhydrate
28 g Fett
28 g Eiweiß

1 Filet abspülen und abtupfen. Öl in eine Pfanne geben und das Fleisch beidseitig gut anbraten. Dann herausnehmen, mit Paprikagewürz, Salz und Pfeffer würzen und im vorgeheizten Ofen bei 80 °C Umluft 50-55 Minuten rosa garen.

2 Währenddessen Avocados halbieren, entsteinen, das Fruchtfleisch herauslösen und mit einer Gabel zerdrücken. Dann mit Wasabi und Zitronensaft mischen und würzen.

3 Fleisch aus dem Ofen nehmen und abkühlen lassen.

4 Chilischoten säubern, entkernen und in dünne Streifen schneiden. Fleisch in dünne Scheiben schneiden.

5 Avocadocreme auf die Fleischscheiben streichen und diese aufrollen. Chili auf die Rollen streuen.

MANGO-MOZZARELLA-SALAT

4 Port.

20 Min.

Leicht

Zutaten

Für das Dressing:
90 ml Orangensaft
2 TL Akazienhonig
Salz und Pfeffer
45 ml Olivenöl
½ rote Chilischote, gehackt

Für den Salat:
1 reife Avocado
1 Mango
190 g Mozzarella, gewürfelt
45 g Pinienkerne
45 g Rucola
Saft einer halben Limette
Salz und Pfeffer

Nährwerte p. P.

377 kcal
23 g Kohlenhydrate
31 g Fett
8 g Eiweiß

1 Orangensaft im Topf auf die Hälfte einkochen. Mit Salz, Pfeffer, Öl, Honig und Chili mischen. Avocado halbieren, entsteinen und das Fruchtfleisch würfeln. Mit Limettensaft beträufeln und mit Salz und Pfeffer würzen.

2 Je einen etwas höheren Metallring auf einen Teller setzen und etwas von der Avocadomischung hineingeben. Darauf Mozzarella verteilen.

3 Mango schälen, entsteinen und klein schneiden. Mango oben in den Ring geben und alles mit einem Löffel andrücken. Mit etwas von der Orangenmischung beträufeln und den Ring entfernen.

4 Rucola mit der übrigen Orangenmischung in einer Schale mischen und ein paar Blätter auf die Türmchen legen. Die übrigen Blätter drumherum dekorieren. Mit Pinienkernen bestreuen.

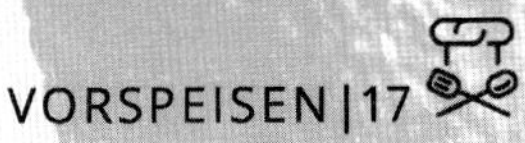

AVOCADO AUF KIWI-LINSEN-SALAT

2 Port. 25 Min. Leicht

Zutaten

2 Avocados
95 g Belugalinsen
1 Kiwi
45 ml Olivenöl
1 Frühlingszwiebel
1 Handvoll Rucola
30 ml Weißweinessig
Salz und Pfeffer

Nährwerte p. P.

708 kcal
44 g Kohlenhydrate
53 g Fett
19 g Eiweiß

1 Linsen in Wasser in ca. 16-18 Minuten gar kochen. Abgießen, kalt abwaschen und abtropfen lassen.

2 Kiwi schälen und in Würfel schneiden. Frühlingszwiebel säubern und hacken. Rucola säubern. Alles mit Linsen, Essig und Öl vermengen und würzen.

3 Avocados halbieren, entsteinen und den Salat mit den Avocadohälften servieren.

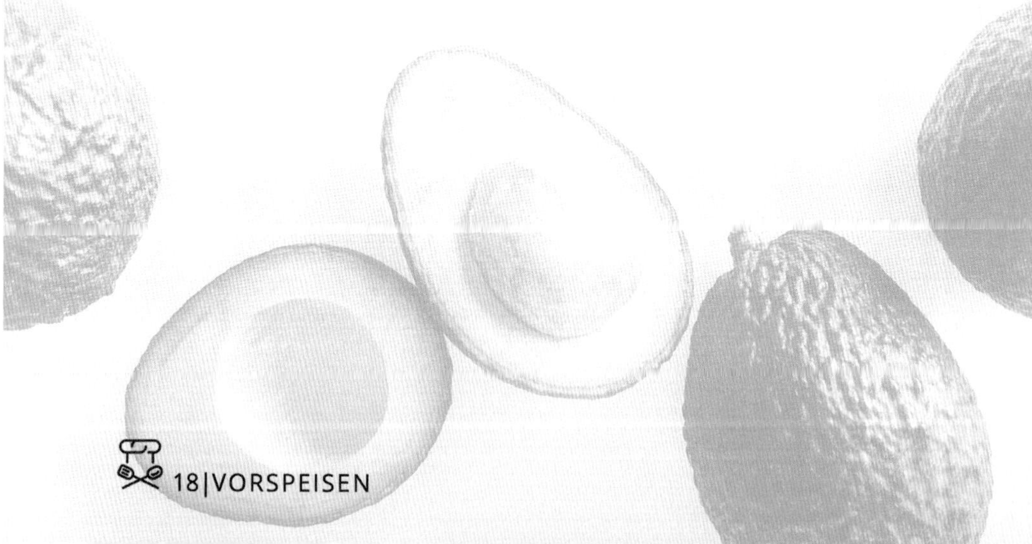

BRUSCHETTA MIT AVOCADO

2 Port.

25 Min.

Leicht

Zutaten

1 Avocado
½ Baguette
2 Knoblauchzehen
2 TL weißer Balsamicoessig
2 Handvoll bunte Kirschtomaten
6-8 Blätter Basilikum
Etwas Olivenöl
Etwas Salz

Nährwerte p. P.

392 kcal
43 g Kohlenhydrate
23 g Fett
9 g Eiweiß

1 Baguette in Scheiben schneiden, mit dem Öl beträufeln und im vorgeheizten Ofen bei 200 °C Umluft 6-8 Minuten rösten.

2 Avocado halbieren, entsteinen und Fruchtfleisch klein schneiden. Basilikum säubern, trocken schütteln und in kleinere Teile zupfen. Tomaten säubern und vierteln.

3 Eine Knoblauchzehe schälen, halbieren und auf das Brot reiben. Die andere Knoblauchzehe schälen und pressen. Gepressten Knoblauch mit etwas Öl, Balsamico, Tomaten, Avocado, Basilikum und Salz vermengen. Mischung auf die Brotscheiben geben und sofort servieren.

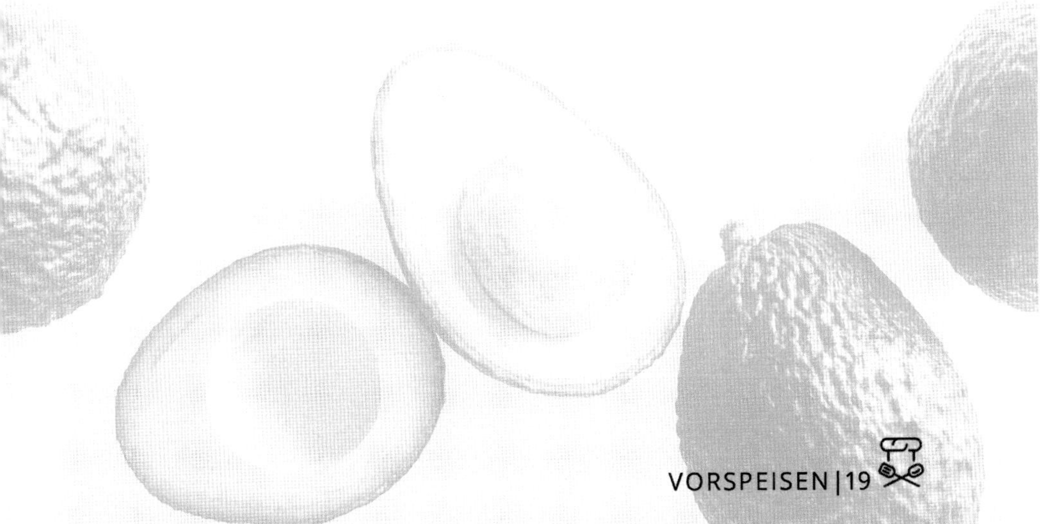

SÜẞE RICOTTA-AVOCADO-VORSPEISE

4 Port. 45 Min. Leicht

Zutaten

2 Avocados
1 Mango
45 ml Zitronensaft
½ EL Honig
1 rote Peperoni
45 g Pinienkerne
190 g Ricotta
½ Orange
1 Handvoll Rucola
30 ml Olivenöl
Salz und Pfeffer

Nährwerte p. P.

437 kcal
28 g Kohlenhydrate
36 g Fett
8 g Eiweiß

1 Avocados halbieren, entsteinen und das Fruchtfleisch würfeln. Mit 30 ml Zitronensaft mischen. Mango schälen, entsteinen und das Fruchtfleisch klein schneiden. Mit dem übrigen Zitronensaft vermengen. Ricotta durchrühren und würzen.

2 Vier Servierringe auf vier Teller setzen. Nacheinander zuerst die Avocado, dann den Ricotta und dann die Mango schichten. Masse mit einem Löffel etwas andrücken, mit Frischhaltefolie abdecken und 20 Minuten kühl stellen.

3 Pinienkerne ohne Fett in einer Pfanne bei mittlerer Temperatur anrösten. Dabei gelegentlich wenden. Dann von der Platte nehmen.

4 Saft der Orange auspressen, Peperoni säubern, entkernen und klein schneiden. Beides mit dem Olivenöl und dem Honig vermengen. Mit Salz und Pfeffer würzen.

5 Rucola säubern und trocken schütteln. Servierringe behutsam entfernen und die Türmchen mit dem Rucola und dem Dressing anrichten. Mit etwas Pfeffer und den Pinienkernen bestreuen.

AVOCADOSUPPE

4 Port.

25 Min.

Leicht

Zutaten

390 g Avocado
680 ml Gemüsefond
2 Zwiebeln
1 Chilischote
2 TL Rapsöl
Saft und Abrieb einer Zitrone
Saft und Abrieb einer Limette
95 g Mandeln
1 Tomate
Salz und Pfeffer

Nährwerte p. P.

368 kcal
24 g Kohlenhydrate
30 g Fett
8 g Eiweiß

1 Zwiebeln schälen und in Würfel schneiden. Mit dem Öl im Topf etwas andünsten.

2 Chili säubern und in grobe Stücke schneiden. Avocados halbieren, entsteinen und das Fruchtfleisch herauslöffeln. Beides mit Zitronensaft und -abrieb sowie mit Limettensaft und -abrieb und dem Gemüsefond zu den Zwiebeln geben. Alles pürieren und köcheln lassen.

3 Tomate säubern und würfeln. Mandeln auf ein Blech geben und im vorgeheizten Ofen bei 160 °C Ober-/Unterhitze 8 Minuten backen. Tomatenstücke in die Suppe geben und diese abschmecken. Auf Teller geben und mit den Mandeln bestreut servieren.

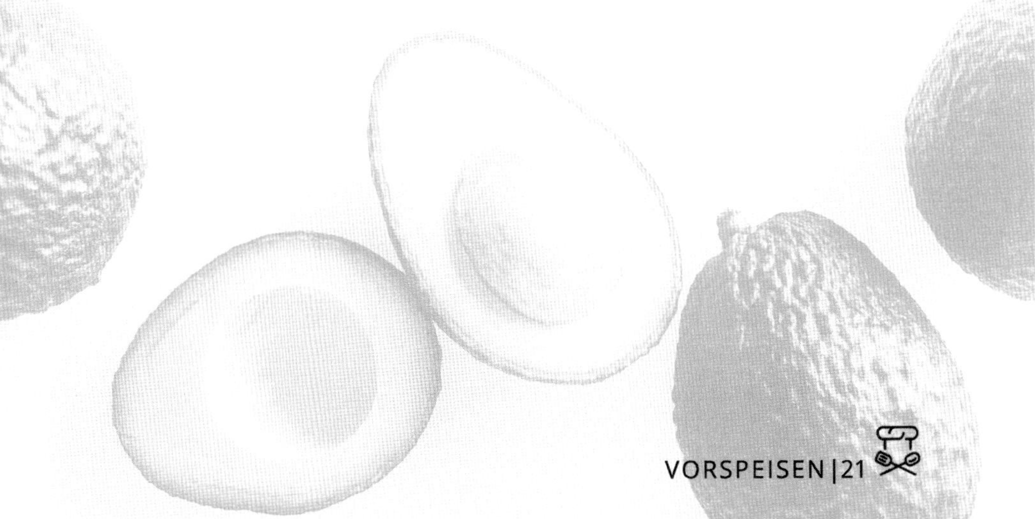

Hauptspeisen mit Fleisch

KALB-TAFELSPITZ MIT REIS UND MINZE-AVOCADO-SALAT

4 Port.

1 Std.
25 Min.

Leicht

Zutaten

Für den Tafelspitz:
780 g Tafelspitz (vom Kalb)
Abrieb und Saft von zwei Zitronen
4 Knoblauchzehen
2 EL Öl
Salz

Für den Salat:
2 Avocados
Ein paar Chiliflocken
30 ml Balsamicoessig
15 ml Olivenöl
190 g Feta
1 Topf Minze (gehackt)
15 ml Ahornsirup
Salz und Pfeffer

Für den Reis:
50 g Dinkelreis
2 EL Öl
Salz

Nährwerte p. P.

693 kcal
29 g Kohlenhydrate
43 g Fett
54 g Eiweiß

1 Knoblauch schälen, pressen und mit Öl, Zitronenabrieb und Zitronensaft vermengen. Tafelspitz salzen und mit der Knoblauch-Mischung einreiben. 25 Minuten kühl stellen.

2 Tafelspitz bei 120 °C Umluft 40-50 Minuten backen. Reis währenddessen gar kochen, durch ein Sieb gießen, salzen und in dem Öl gut anbraten, bis er kross ist. Avocados halbieren, entsteinen, Fruchtfleisch herauslöffeln und klein schneiden. Feta etwas zerbrechen, mit Sirup, Minze, Essig und Öl mischen und mit den Gewürzen abschmecken.

3 Tafelspitz in feine Scheiben schneiden und auf einem Teller anrichten. Darauf den Salat geben und mit dem Reis garnieren.

CHILI MIT RINDERHACK

4 Port.

20 Min.

Leicht

Zutaten

1 reife Avocado
1 Zwiebel
950 ml Rinderbrühe
30 ml Öl
Etwas Tabasco
340 g kurze Makkaroni
390 g Rinderhack
3 EL Tomatenmark
Etwas Kreuzkümmel (gemahlen)
240 g Kidneybohnen (aus der Dose)
Salz und Pfeffer

Nährwerte p. P.

621 kcal
45 g Kohlenhydrate
34 g Fett
36 g Eiweiß

1 Zwiebel schälen und würfeln. In dem Öl im Topf anbraten, dann Fleisch mitbraten, bis es gar ist. Mit Kümmel, Tomatenmark, Tabasco, Salz und Pfeffer würzen. Brühe hinzugießen und darin die Nudeln offen bissfest kochen.

2 Währenddessen Bohnen abtropfen lassen. Avocado halbieren, entsteinen, das Fruchtfleisch herausschneiden und klein schneiden. Bohnen zu dem Chili geben und ggf. etwas Wasser zugeben, sofern die Masse zu trocken wird.

3 Chili nochmals mit Tabasco und Pfeffer pikant abschmecken. Avocado daraufgeben und sofort genießen.

HERZHAFTE PFANNKUCHEN

4 Port.

1 Std.
5 Min.

Leicht

Zutaten

Für den Teig:
4 Eier
150 g Dinkelmehl
Etwas Muskat
190 ml Vollmilch
Salz und Pfeffer

Für die Füllung:
1 Avocado
2 TL Öl
480 g Rinderhack
1 Knoblauchzehe
2 TL Cajun-Gewürzmischung
95 g rote Zwiebeln
½ Topf Koriander
95 g Cheddar
140 g Tomaten
45 ml Limettensaft
3 Frühlingszwiebeln
7 eingelegte Peperoni
60 g Schmand
Salz und Pfeffer

Außerdem:
Etwas Butter

Nährwerte p. P.

960 kcal
40 g Kohlenhydrate
66 g Fett
50 g Eiweiß

1 Für den Teig Milch, Mehl und Eier verrühren und das Ganze würzen. Mit Frischhaltefolie abdecken und 20 Minuten beiseitestellen.

2 Für die Füllung Knoblauch schälen und hacken. Hack in dem Öl in einer Pfanne gut von allen Seiten anbraten. Dabei Knoblauch unterrühren und alles mit Salz und der Cajun-Gewürzmischung würzen.

3 Cheddar reiben. Zwiebeln schälen, halbieren und in feine Streifen schneiden. Tomaten säubern und klein schneiden. Frühlingszwiebeln säubern und ebenfalls klein schneiden. Avocado halbieren, entsteinen und das herausgelöste Fruchtfleisch würfeln. Korianderblätter abzupfen und abwaschen.

4 Tomaten, Frühlingszwiebeln, Zwiebeln und Avocadowürfel mit Limettensaft und etwas Salz und Pfeffer mischen. Koriander darüberstreuen.

5 Aus dem Teig nacheinander in etwas Butter vier Pfannkuchen braten. Diese leicht überlappend auf ein mit Backpapier ausgelegtes Blech legen, die Füllung mittig darauf verteilen und den Cheddar darüberstreuen. Bei 175 °C Umluft im vorgeheizten Ofen auf mittlerer Ebene ca. 7 Minuten backen. Dann herausnehmen.

6 Pfannkuchen auf Teller geben, den Avocado-Salat um das Hack verteilen und je einen Klecks Schmand daraufsetzen. Mit den Peperoni servieren.

RINDERHÜFTSTEAKS MIT AVOCADOTOPPING

6 Port.

35 Min.

Leicht

Zutaten

2 Avocados
4 Knoblauchzehen
3 gehäufte EL Parmesan (gerieben)
6 Rinderhüftsteaks
1 Zitrone
6 getrocknete Tomaten
Etwas 9-Pfeffer-Symphonie (Pfeffermix)
Salz

Nährwerte p. P.

342 kcal
8 g Kohlenhydrate
17 g Fett
43 g Eiweiß

1 Avocados halbieren, entsteinen und das Fruchtfleisch mit einer Gabel zerdrücken. Tomaten mit kochendem Wasser übergießen und 14-16 Minuten ziehen lassen. Dann würfeln.

2 Knoblauch schälen und hacken. Zitrone pressen. Avocadomasse, Tomaten, Knoblauch, Zitronensaft, Parmesan sowie Salz und Pfeffer mischen.

3 Die Steaks scharf grillen oder in etwas Öl von beiden Seiten ein paar Minuten braten. Avocado-Topping auf die Steaks streichen und servieren.

Tipp: Dazu passen Rosmarin-Kartoffeln und ein frischer Salat.

HÄHNCHEN-MAIS-AVOCADO-PLATTE

3 Port.

55 Min.

Leicht

Zutaten

1 Avocado
440 g Hähnchenbrustfilet
1 rote Pfefferschote
5 Stiele Koriander
1 Zwiebel
1 Limette
30 ml Sojasoße
190 ml Buttermilch
2 Maiskolben
2 Frühlingszwiebeln
1 Knoblauchzehe
60 ml Olivenöl
Salz und Pfeffer

Nährwerte p. P.

540 kcal
25 g Kohlenhydrate
32 g Fett
40 g Eiweiß

1 Fleisch würfeln. Zwiebel schälen und reiben. Beides mit Sojasoße, Buttermilch und etwas Pfeffer vermengen und das Fleisch 20 Minuten darin marinieren.

2 Maiskolben säubern und die Maiskörner vom Kolben schneiden. Limette auspressen, Pfefferschote säubern und in feine Ringe schneiden. Frühlingszwiebeln ebenfalls säubern und in Ringe schneiden. Koriander säubern und hacken. Knoblauch schälen und ebenfalls hacken.

3 Avocado halbieren, entsteinen und das Fruchtfleisch in Scheiben schneiden. Avocado auf eine Platte legen, salzen und pfeffern und mit der Hälfte des Limettensaftes beträufeln.

4 Fleisch auf Schaschlikspieße setzen und salzen. Fleischspieße in 30 ml Olivenöl von allen Seiten gut anbraten.

5 Mais ebenfalls in einer Pfanne mit dem übrigen Öl gut anbraten. Knoblauch und Pfefferschote hineingeben und würzen. Frühlingszwiebeln unterrühren und kurz weiter braten.

6 Die Mischung auf die angerichtete Avocado geben und die Fleischspieße darauflegen. Übrigen Limettensaft darübergießen und mit Koriander bestreuen.

Tipp: Falls Sie keine frischen Maiskolben bekommen, verwenden Sie vakuumierte Kolben oder Mais aus der Dose.

HÜHNERSUPPE GETOPPT MIT AVOCADO

6 Port.

6 Std.

Leicht

Zutaten

Für die Suppe:
730 g Hähnchenbrust
780 g gestückelte Tomaten (aus der Dose)
1 rote Paprikaschote
390 g schwarze Bohnen
4 Knoblauchzehen
950 ml Hühnerbrühe
1 Zwiebel
½ EL Chilipulver
2 Limetten
½ EL Kreuzkümmel
1 EL gehackter Koriander
½ EL Salz
½ TL Pfeffer

Für das Topping:
1 Avocado
6 Weizentortillas
15 ml Olivenöl
Salz und Pfeffer

Nährwerte p. P.

176 kcal
50 g Kohlenhydrate
13 g Fett
40 g Eiweiß

1 Paprika säubern und klein schneiden. Zwiebel und Knoblauch schälen und hacken.

2 Tomaten, Zwiebeln, Knoblauch, Paprika, Fleisch, Brühe und Gewürze (bis auf den Koriander) in einen Topf geben. Saft der Limetten auspressen und die Schale abreiben. Beides ebenfalls in den Topf geben. Suppe mit geschlossenem Deckel ungefähr 5 Stunden köcheln lassen. Gelegentlich umrühren.

3 Hähnchenfleisch herausnehmen und mithilfe von zwei Gabeln in kleine Stückchen zupfen.

4 Fleisch wieder in den Topf geben. Koriander und Bohnen zugeben und alles 12-14 Minuten zugedeckt weiter kochen lassen.

5 Tortillas in Streifen schneiden und auf ein gefettetes Blech geben. Mit etwas Olivenöl beträufeln und würzen. Bei 175 °C Umluft im vorgeheizten Ofen 16-18 Minuten backen, dabei nach der Hälfte der Zeit umdrehen.

6 Avocado halbieren, entsteinen und das Fruchtfleisch in Würfel schneiden. Fertige Hühnersuppe mit den Avocadowürfeln und den Tortillastreifen anrichten.

GEBACKENE AVOCADO IN EINEM FLEISCHMANTEL

1 Port.

40 Min.

Leicht

Zutaten

1 Avocado
5 Scheiben Bacon
140 g Rinderhack
2 TL gehackter Schnittlauch
3 EL geriebener Cheddar
30 g Paprika (klein gewürfelt)
Etwas Barbecuesoße

Nährwerte p. P.

1084 kcal
22 g Kohlenhydrate
86 g Fett
59 g Eiweiß

1 Paprika säubern, würfeln und mit dem gehackten Schnittlauch in eine Schale geben. Avocado halbieren und entsteinen. Die Mulde etwas mit einem Löffel vergrößern und das herausgenommene Fruchtfleisch zu der Paprika-Mischung geben.

2 Cheddar unterrühren und die Mischung in die Avocado-Hälften füllen. Beide Hälften aufeinanderlegen und aneinanderdrücken.

3 Hack zu einem Fladen formen und die Avocado damit umwickeln. Anschließend den Bacon um die Avocado wickeln und mit der Soße bestreichen.

4 Umwickelte Avocado bei 155 °C Umluft 20-25 Minuten backen.

PIKANTER WRAP MIT HACKFLEISCH UND SALSA

4 Port.

30 Min.

Leicht

Zutaten

1 rote Zwiebel
490 g Rinderhack
1 EL Olivenöl
1 EL Garam Masala
1 rote Chilischote
140 g Cheddar
1 Römersalatherz
4 große Tortillafladen
Salz und Pfeffer

Für die Salsa:
1 Avocado
290 g Honigmelone
90 g Kirschtomaten
1 rote Zwiebel
Saft von einer Limette
30 ml Olivenöl
1 EL Weißweinessig
Salz und Pfeffer

Nährwerte p. P.

755 kcal
43 g Kohlenhydrate
45 g Fett
46 g Eiweiß

1 Knoblauch und beide Zwiebeln schälen und hacken. Chili säubern und würfeln.

2 Hack in Öl gut anbraten. Mit Garam Masala, Salz und Pfeffer würzen. Die Hälfte der Zwiebeln und die Chiliwürfel mit hineingeben und ein paar Minuten mitbraten. Dann warm halten.

3 Avocado halbieren, entsteinen und das Fruchtfleisch würfeln. Melone schälen, entkernen und klein schneiden. Tomaten säubern und würfeln.

4 Für die Salsa Limettensaft, Essig und Öl verrühren und würzen. Übrige Zwiebeln, Melonenstücke, Tomaten- und Avocadowürfel mit dem Dressing vermengen.

5 Römersalat säubern und in dünne Streifen schneiden. Cheddar reiben.

6 Hack in die Mitte der Tortillafladen geben und den Käse darüberstreuen. Auf ein mit Backpapier belegtes Blech legen und im vorgeheizten Ofen bei 175 °C Ober-/Unterhitze 5 Minuten backen.

7 Wraps auf Teller verteilen, Salsa und Salat darübergeben, aufrollen und servieren.

SCHWEINEFILET-AVOCADO-PFANNE

1 Port. 20 Min. Leicht

Zutaten

½ Avocado
170 g Schweinefilet
1 TL Weißweinessig
½ rote Zwiebel
75 ml Olivenöl
2 EL gehackte Petersilie
5 Cherrytomaten
Je ½ TL Salz und Pfeffer

Nährwerte p. P.

410 kcal
17 g Kohlenhydrate
20 g Fett
42 g Eiweiß

1 Tomaten säubern und halbieren. Zwiebel schälen und in Ringe schneiden. Avocado halbieren, die Hälfte entsteinen und das Fruchtfleisch würfeln. Fleisch in grobe Stücke schneiden.

2 50 ml Öl in einer Pfanne erwärmen und Fleisch darin fast durchbraten. Dann herausnehmen und die Tomaten mit den Zwiebeln eine Weile anbraten.

3 Avocado und Fleisch in die Pfanne geben und Petersilie zugeben. Alles würzen. Übriges Öl und Essig unterrühren und sofort genießen.

Hauptspeisen mit Fisch

THUNFISCH AUF SÜßKARTOFFELMUS

4 Port. 40 Min. Leicht

Zutaten

1 Avocado
950 g Süßkartoffeln
45 ml Olivenöl
1 Topf Kräuter n. B. (z. B. Petersilie oder Koriander)
1 rote Zwiebel
4 Thunfischfilets (à ca. 110 g)
2 TL Kapern
2 Limetten
380 g Tomaten
Salz und Pfeffer

Nährwerte p. P.

532 kcal
61 g Kohlenhydrate
19 g Fett
34 g Eiweiß

1 Süßkartoffeln säubern, klein schneiden und in Salzwasser ca. 14-16 Minuten weich kochen. Abgießen und mit 30 ml Olivenöl pürieren. Dann salzen.

2 Avocado halbieren, entsteinen und das Fruchtfleisch würfeln. Zwiebel schälen und hacken. Tomaten säubern und würfeln. Eine Limette auspressen. Kapern und gewaschene Kräuter hacken.

3 Zwiebeln, Kapern, Tomaten, Limettensaft und Kräuter vermengen und würzen.

4 Fischfilets mit übrigem Öl einstreichen, würzen und in einer Pfanne von beiden Seiten ein paar Minuten braten.

5 Andere Limette achteln und den Fisch mit dem Süßkartoffelmus, der Salsa und der Limette anrichten.

AVOCADO-GARNELENPFANNE

2 Port.

45 Min.

Leicht

Zutaten

1 Avocado
120 g Basmatireis
1 EL Zitronensaft
4 Frühlingszwiebeln
1 Orange
120 g Zuckerschoten
9 Garnelen (geschält)
45 ml Öl
½ rote Chilischote
½ Currypulver
Salz und Pfeffer

Nährwerte p. P.

663 kcal
70 g Kohlenhydrate
37 g Fett
18 g Eiweiß

1 Reis nach Packungsanleitung in Salzwasser gar kochen, dann abgießen. Zuckerschoten in Salzwasser 3 Minuten kochen, ebenfalls abgießen und kalt abbrausen.

2 Chili säubern und hacken. Frühlingszwiebeln ebenfalls säubern und in Ringe schneiden. Orange schälen, halbieren und in Scheiben schneiden. Avocado halbieren, entsteinen und das Fruchtfleisch in gröbere Würfel schneiden. Mit dem Zitronensaft mischen.

3 15 ml Öl in einer Pfanne erwärmen und die Garnelen von allen Seiten ein paar Minuten anbraten. Mit Salz und Curry würzen und dann herausnehmen.

4 Übriges Öl in die Pfanne geben und Chili, Reis und die Hälfte der Frühlingszwiebeln darin 5 Minuten braten. Dann Garnelen, Orangenscheiben und Zuckerschoten untermischen. Kurz darauf die Avocadowürfel unterheben und alles würzen. Die übrigen Frühlingszwiebeln darauf verteilen und servieren.

Tipp: Die Avocadowürfel erst kurz vor dem Servieren unterheben, damit sie nicht matschig werden!

FISCH IN AVOCADO

2 Port. 50 Min. Leicht

Zutaten

Für die Füllung:
4 Avocados
95 g Gouda (gerieben)
190 g gegartes Fischfilet (z. B. Rotbarsch)
70 g Lauch
70 g Möhren
70 g Knollensellerie

Für die Soße:
50 g Tomatenketchup
30 ml Cognac
200 g Crème fraîche
½ TL Chilipulver
2 Spritzer Worcestersoße
Salz und Pfeffer

Nährwerte p. P.

1334 kcal
60 g Kohlenhydrate
106 g Fett
41 g Eiweiß

1 Avocados halbieren, entsteinen und das Fruchtfleisch klein schneiden. Fisch würfeln. Sellerie, Lauch und Möhren säubern und in dünne Stifte schneiden. Zutaten für die Füllung vermengen.

2 Für die Soße Crème fraîche und Ketchup vermengen und mit Cognac, Worcestersoße, Chilipulver sowie Salz und Pfeffer mischen bzw. würzen.

3 Avocadomischung in die Avocadohälften geben, Soße darübergeben und eine Weile im Kühlschrank durchziehen lassen. Anschließend servieren.

THUNFISCH-SPAGHETTI MIT AVOCADO

2 Port.

25 Min.

Leicht

Zutaten

1 Avocado
210 g Spaghetti
1 Dose Thunfisch
½ Zwiebel
2 Knoblauchzehen
Kräuter n. B.
Etwas Olivenöl
Salz

Nährwerte p. P.

729 kcal
91 g Kohlenhydrate
24 g Fett
40 g Eiweiß

1 Spaghetti in gesalzenem Wasser gar kochen, abgießen und beiseitestellen.

2 Zwiebel und Knoblauch schälen und hacken. In etwas Öl anbraten. Thunfisch und Avocadofruchtfleisch klein schneiden und ein paar Minuten mitbraten.

3 Spaghetti unterheben, salzen und mit gehackten Kräutern bestreuen.

KABELJAU MIT AVOCADOSTAMPF UND APFELSALAT

4 Port.

25 Min.

Leicht

Zutaten

2 reife Avocados
1 Apfel
4 Stiele Basilikum
5 große Radieschen
5 EL Olivenöl
45 ml Zitronensaft
4 Kabeljaufilet (à ca. 140 g)
75 g Weizenmehl
1 EL Butter
Etwas Zucker
Salz und Pfeffer

Nährwerte p. P.

539 kcal
30 g Kohlenhydrate
36 g Fett
30 g Eiweiß

1 Apfel säubern, Gehäuse herausschneiden, zuerst in Scheiben und dann in feine Stifte schneiden. Mit 15 ml Zitronensaft vermengen.

2 Radieschen säubern und in feine Scheiben schneiden. Basilikumblätter abzupfen, säubern und mit 2 EL Öl sowie den Apfelstiften, etwas Salz und Pfeffer und dem Zucker vermengen.

3 Avocados halbieren, entsteinen und Fruchtfleisch herauslöffeln. Mit dem übrigen Zitronensaft und etwa Salz im Mixer pürieren und gut abschmecken.

4 Fischfilet abtupfen, salzen und das Mehl auf einen Teller geben. Den Fisch darin wenden und das überschüssige Mehl abklopfen. In 2 EL Olivenöl beidseitig eine Weile anbraten. Butter in die Pfanne geben und den Fisch kurz weiterbraten. Anschließend pfeffern.

5 Fisch mit dem Salat und dem Avocadopüree anrichten. Mit übrigem Öl beträufeln und servieren.

BANDNUDELN MIT AVOCADOSOẞE UND LACHS

2 Port.

25 Min.

Leicht

Zutaten

Für die Nudeln:
160 g Bandnudeln
480 ml Gemüsebrühe

Für die Soße:
½ Avocado
Etwas Nudelwasser
70 g Schlagsahne
1 TL Rosmarin
1 Spritzer Zitronensaft
55 g Weißwein
2 TL Weizenmehl
Salz und Pfeffer

Für das Topping:
½ Avocado (in Scheiben)
260 g Lachs
130 g geviertelte Kirschtomaten
1 Spritzer Zitronensaft
Etwas Öl
Salz und Pfeffer

Nährwerte p. P.

965 kcal
76 g Kohlenhydrate
53 g Fett
44 g Eiweiß

1 Bandnudeln in der Gemüsebrühe gar kochen und abgießen. Dabei die Flüssigkeit auffangen. Lachs in dem Öl in einer Pfanne gar braten.

2 Währenddessen für das Topping Tomaten säubern, vierteln und die Avocado halbieren, entsteinen und das Fruchtfleisch in Scheiben schneiden. Lachs in eine Schale geben, Avocado und Tomaten darübergeben und mit Zitronensaft beträufeln. Anschließend würzen.

3 Aufgefangene Gemüsebrühe mit dem Fruchtfleisch der halben Avocado, der Sahne, dem Weißwein, dem Mehl, dem Zitronensaft, dem Rosmarin sowie etwas Salz und Pfeffer pürieren. Dann in einem Topf kurz erhitzen.

4 Nudeln auf Teller geben, Soße darübergeben und das Topping darauf anrichten.

LACHSFILET MIT AVOCADO-TOPPING

4 Port. 15 Min. Leicht

Zutaten

2 reife Avocados
1 rote Zwiebel
1 Limette
½ EL Zucker
740 g Lachsfilet (ohne Haut)
1 Topf Koriander
30 ml Öl
3 EL Chilisoße
Salz und Pfeffer

Nährwerte p. P.

618 kcal
15 g Kohlenhydrate
44 g Fett
41 g Eiweiß

1 Zwiebel schälen und hacken. Avocados halbieren, entsteinen und das Fruchtfleisch würfeln. Koriander säubern, trocken schütteln und hacken. Limette auspressen. Alles vermischen und mit Zucker, Salz und Pfeffer würzen.

2 Lachs abtupfen und in vier Tranchen teilen. Etwas salzen und in Öl in einer Pfanne ca. 5 Minuten beidseitig braten. Beim Wenden mit der Chilisoße bestreichen und fertig braten.

3 Lachs auf Teller legen und die Avocado-Salsa darübergeben.

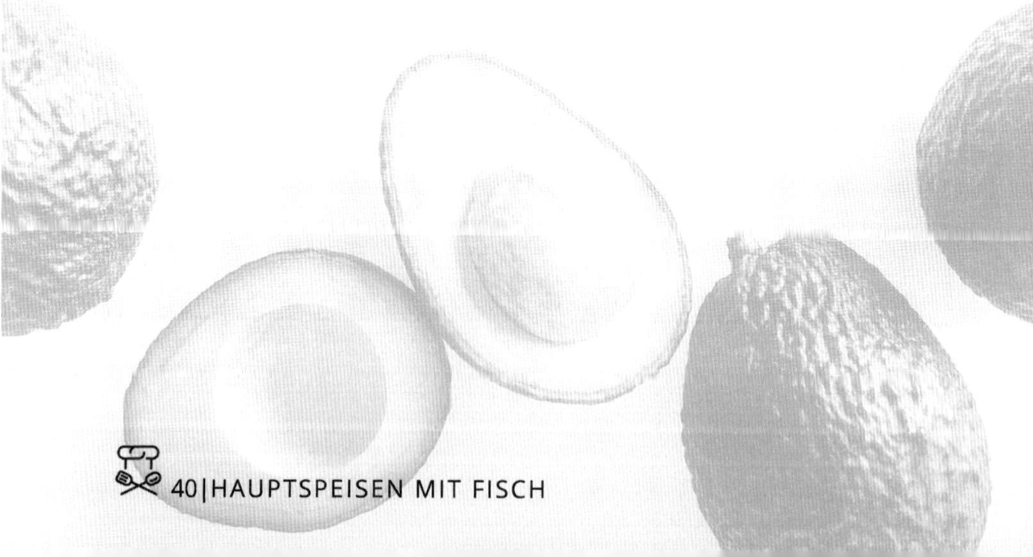

GERÄUCHERTE FORELLE MIT AVOCADO

2 Port.

15 Min.

Leicht

Zutaten

2 Avocados
45 ml Olivenöl
2 TL gehackter Thymian
1 rote Zwiebel
1 Zitrone
240 g geräucherte Forellenfilets
Salz und Pfeffer

Nährwerte p. P.

695 kcal
25 g Kohlenhydrate
57 g Fett
31 g Eiweiß

1 Öl in eine Schale geben. Zitrone säubern, trockentupfen und die Schale in die Schale reiben. Auch den Saft auspressen und zugeben.

2 Zwiebel schälen, hacken und mit dem Thymian untermischen.

3 Avocados halbieren, entsteinen und das Fruchtfleisch würfeln. Fisch in Stücke zupfen und zusammen mit der Avocado unter die Soße heben. Mit Salz und Pfeffer würzen und servieren.

Tipp: Dazu passen gekochte Kartoffeln oder dunkles Brot.

AVOCADO-LACHS-PIZZA

2 Port. 35 Min. Leicht

Zutaten

½ Avocado
1 rote Zwiebel
290 g Pizzateig
70 g Frischkäse
1 Knoblauchzehe
120 g Mozzarella
95 g Räucherlachs
45 g Rucola
4 Zweige Dill
Etwas Olivenöl
Salz und Pfeffer

Nährwerte p. P.

801 kcal
77 g Kohlenhydrate
42 g Fett
32 g Eiweiß

1 Mozzarella und geschälte Zwiebel in dünne Scheiben schneiden. Dill säubern, trocken schütteln und hacken. Knoblauch schälen und hacken. Frischkäse mit Knoblauch und Dill vermengen.

2 Pizzateig ausrollen und mit dem Öl beträufeln. Frischkäsemischung daraufgeben und alles mit den Mozzarella- und den Zwiebelscheiben belegen. Etwas salzen. Pizza bei 195 °C Umluft 8-12 Minuten backen.

3 Währenddessen Lachs in Scheiben schneiden. Avocado halbieren, entsteinen und das Fruchtfleisch in Scheiben schneiden. Rucola säubern und trocken schütteln.

4 Pizza herausnehmen, Ofen ausschalten und Pizza mit Avocado, Lachs und Rucola belegen. Pfeffern und eine Weile in den noch warmen Ofen stellen, sodass sich die Avocado und der Lachs etwas erwärmen. Danach servieren.

Vegetarisch

AVOCADO-MANDEL-GNOCCHI MIT TOMATEN

4 Port.

15 Min.

Leicht

Zutaten

2 Avocados
680 g Gnocchi
8 Blätter Basilikum (gehackt)
210 g Cocktailtomaten
75 ml Olivenöl
85 g gemahlene Mandeln
1 Prise Zucker
2 Knoblauchzehen
1 Spritzer Zitronensaft
85 g Parmesan
2 EL Butter
Salz und Pfeffer

Nährwerte p. P.

852 kcal
68 g Kohlenhydrate
56 g Fett
22 g Eiweiß

1 Avocados halbieren, entsteinen und das Fruchtfleisch mit einer Gabel zerdrücken. Knoblauch schälen und hacken. Beides mit Basilikum, Öl und Zitronensaft mischen. Mandeln untermischen.

2 Butter in einer Pfanne erwärmen und die gesäuberten, halbierten Tomaten mit dem Zucker andünsten. Avocadomischung unterrühren und alles würzen.

3 Gnocchi in Salzwasser ein paar Minuten kochen. Parmesan reiben, Gnocchi auf Teller verteilen, die Avocadomischung darübergeben und mit dem Parmesan bestreuen.

AUBERGINEN-BURGER MIT AVOCADO

4 Port. 20 Min. Leicht

Zutaten

Für den Belag:
1 reife Avocado
1 Aubergine
Etwas Olivenöl
3 Tomaten
Salz

Für die Soße:
95 g Joghurt
1 Knoblauchzehe
45 g Mayonnaise
1 Spritzer Tabasco (grün)
Salz und Pfeffer

Außerdem:
Ein paar Salatblätter
4 Burgerbrötchen

Nährwerte p. P.

398 kcal
43 g Kohlenhydrate
23 g Fett
9 g Eiweiß

1 Aubergine säubern, halbieren und in Scheiben schneiden. In Öl in einer Pfanne beidseitig goldbraun anbraten.

2 Brötchen halbieren. Tomaten säubern, Avocado schälen, entsteinen und beides in Scheiben schneiden. Etwas salzen.

3 Knoblauch schälen, pressen und mit den übrigen Zutaten für die Soße verrühren. Soße auf die Brötchen streichen.

4 Salat säubern und auf die unteren Brötchenhälften legen. Darauf je zwei Auberginen-, Tomaten- und Avocadoscheiben legen und mit der oberen Brötchenhälfte abschließen.

Tipp: Das Rezept kann mit gebratenen Riesenchampignons in Scheiben oder gegrillter Zucchini beliebig abgewandelt werden.

ROTE-LINSEN-NUDELN MIT AVOCADO UND PESTO

4 Port.

25 Min.

Leicht

Zutaten

2 reife Avocados
190 g gelbe Cocktailtomaten
½ Topf Minze
½ Topf Petersilie
45 g Walnüsse
Abrieb und Saft einer Zitrone
4 Stiele Koriander
480 g rote Linsennudeln
45 g Parmesan
95 ml Olivenöl
2 EL Wasser
Salz und Pfeffer

Nährwerte p. P.

940 kcal
80 g Kohlenhydrate
52 g Fett
41 g Eiweiß

1 Tomaten säubern und halbieren. Avocados halbieren, entsteinen und das herausgelöffelte Fruchtfleisch in Scheiben schneiden. Minze, Koriander und Petersilie säubern, trocken schütteln und hacken. Walnüsse hacken. Parmesan reiben. Zitrone säubern, die Schale abreiben und den Saft auspressen.

2 Nudeln nach Packungsangabe in Salzwasser gar kochen.

3 Parmesan, Kräuter, Nüsse, Zitronenabrieb und einen Spritzer Zitronensaft in ein hohes Gefäß geben. Wasser und Öl zugeben und alles pürieren. Anschließend würzen.

4 Pasta mit dem Pesto, der Avocado und den Tomaten anrichten.

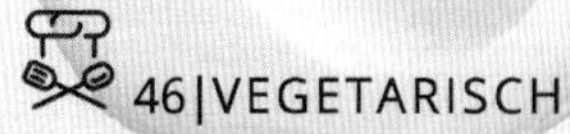

ÜBERBACKENE AVOCADO

2 Port.

25 Min.

Leicht

Zutaten

2 Avocados
45 g Fetakäse
¼ rote Zwiebel
45 g Tomaten
½ EL Zitronensaft
½ Knoblauchzehe
½ EL Sesamöl
1 EL Olivenöl
Salz und Pfeffer

Nährwerte p. P.

472 kcal
21 g Kohlenhydrate
44 g Fett
8 g Eiweiß

1 Avocados halbieren und entsteinen. Feta würfeln. Tomaten säubern und vierteln. Zwiebel und Knoblauch schälen und hacken.

2 Feta, Knoblauch, Zwiebeln, Tomaten, Sesamöl, Olivenöl und Zitronensaft vermengen und würzen. Füllung in die Kuhlen der Avocadohälften geben.

3 Avocados bei 195 °C Ober-/Unterhitze 14-16 Minuten im vorgeheizten Ofen backen.

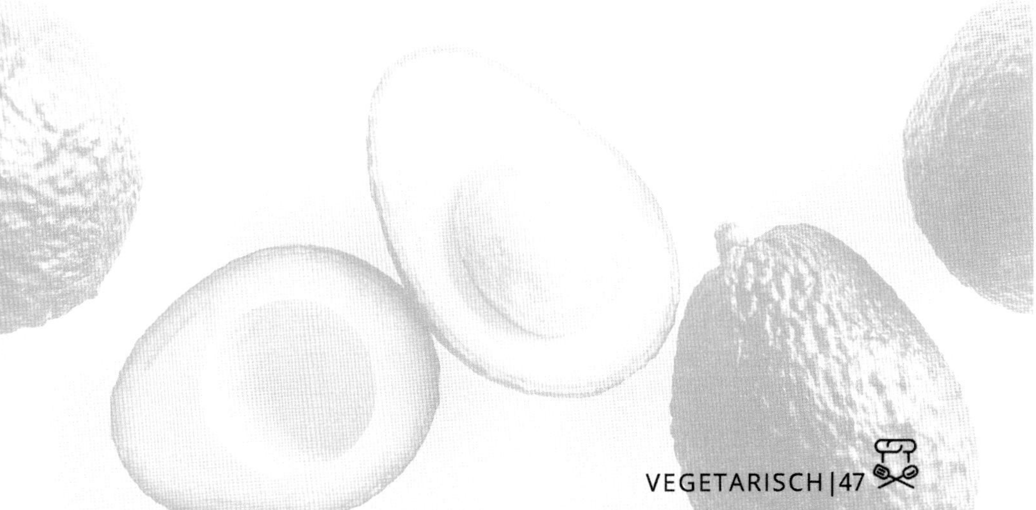

FARFALLE MIT PESTO AUS AVOCADO

2 Port.

20 Min.

Leicht

Zutaten

1 Avocado
300 g Farfalle
95 g Parmesan
1 Knoblauchzehe
1 EL Zitronensaft
½ Topf Petersilie
16-18 Blätter Basilikum
2 EL Olivenöl
Salz und Pfeffer

Nährwerte p. P.

1011 kcal
117 g Kohlenhydrate
45 g Fett
37 g Eiweiß

1 Parmesan reiben. Kräuter säubern und hacken. Knoblauch schälen und mit den Kräutern und dem Parmesan mixen. Nudeln in Salzwasser gar kochen und abgießen.

2 Avocado halbieren, entsteinen und das Fruchtfleisch zu dem Pesto geben. Nochmals mixen. Dabei das Öl zugeben.

3 Pesto mit Zitronensaft, Salz und Pfeffer würzen und zu den Nudeln servieren.

TOFU-AVOCADO-WRAPS

4 Port.

30 Min.

Leicht

Zutaten

1 Avocado
1 Gurke
1 Limette
390 g Tofu
190 g Sojajoghurt
2 Mini-Romana
20 g Koriander
1 ½ Currypulver
70 g Cornflakes
95 ml Sojamilch
30 g Weizenmehl
1 TL Senf
75 ml Öl
4 Weizentortillas
Etwas Zuckerrübensirup
Salz und Pfeffer

Nährwerte p. P.

707 kcal
70 g Kohlenhydrate
38 g Fett
26 g Eiweiß

1 Gurke säubern, in vier Stücke und dann in Scheiben schneiden. Salat säubern und in Streifen schneiden. Koriander säubern, trocken schütteln und die Blätter abzupfen. Limette auspressen. Tofu in etwas dickere Stifte schneiden.

2 Avocado halbieren, entsteinen und das Fruchtfleisch mithilfe einer Gabel grob zerdrücken. Salzen, pfeffern und mit etwas Limettensaft abschmecken.

3 Joghurt mit dem übrigen Limettensaft, der Hälfte des Currypulvers und etwas Salz und Pfeffer verrühren.

4 Cornflakes in eine Plastiktüte geben und grob zerbröseln. Auf einen Teller geben. Auf einem weiteren Teller Mehl, Sojamilch, etwas Salz, Senf und das übrige Currypulver geben und vermengen.

5 Tofu beidseitig erst in die Mehl-Sojamilch-Mischung legen und dann in die Cornflakes. Anschließend die Panade andrücken. Tofu in Öl in wenigen Minuten von beiden Seiten goldbraun braten. Pfanne anschließend von der Platte nehmen und mit dem Sirup beträufeln.

6 Wraps im Ofen bei 180 °C Umluft kurz erwärmen, mit der Avocadocreme bestreichen und mit Gurke, Koriander, Salat und Tofu belegen sowie aufrollen. Dazu den Joghurt-Dip servieren.

AVOCADO-KOHLRABI-SUPPE MIT MANDELTOPPING

4 Port.

35 Min.

Leicht

Zutaten

2 Avocados
55 g Zwiebeln
2 EL Butter
860 ml Gemüsebrühe
480 g Kohlrabi
1 Topf glatte Petersilie
95 g Schlagsahne
Abrieb von einer Zitrone
70 g Mandeln
2 TL Olivenöl
Salz und Pfeffer

Nährwerte p. P.

473 kcal
23 g Kohlenhydrate
42 g Fett
10 g Eiweiß

1 Zwiebeln schälen und würfeln. Kohlrabi schälen und grob würfeln. Zwiebeln in Butter im Topf ein paar Minuten andünsten. Kohlrabi 1 Minute mitbraten. Brühe zugießen und alles 14-16 Minuten geschlossen köcheln lassen.

2 Petersilie säubern, trocken schütteln, Blätter abzupfen und hacken. Mandeln ebenfalls hacken und in einer Pfanne in dem Öl kurz etwas anrösten. Petersilie zugeben, verrühren, würzen und von der Platte nehmen.

3 Avocados halbieren, entsteinen und das Fruchtfleisch herauslöffeln. Mit der Sahne zu der Suppe geben und alles gut pürieren. Zitronenabrieb unterrühren und würzen.

4 Suppe auf Teller geben und mit der Mandel-Petersilien-Mischung toppen.

ZUCCHININUDELN MIT FRISCHEM PESTO

2 Port. 25 Min. Leicht

Zutaten

Stan1 ½ Avocados
35 g Walnüsse + ein paar mehr für die Dekoration
2 Zucchini
2 TL Zitronensaft
1 Knoblauchzehe
½ Topf Basilikum
55 g Feta
4 EL Olivenöl
45 g TK-Erbsen
110 g Brokkoli
55 g Babyspinat
500 ml Wasser
Salz und Pfeffer

Nährwerte p. P.

842 kcal
34 g Kohlenhydrate
77 g Fett
18 g Eiweiß

1 Für das Pesto Basilikum säubern, trocken schütteln und Blätter abzupfen. Knoblauch schälen und halbieren. Eine Avocado halbieren, entsteinen und Fruchtfleisch in grobe Stücke schneiden. Mit Nüssen, Zitronensaft und etwas Salz und Pfeffer im Mixer gut pürieren. Dabei Öl zugeben.

2 Wasser im Topf aufkochen. Währenddessen Brokkoli und Spinat säubern. Brokkoli 6 Minuten im geschlossenen Topf köcheln lassen. Nach der Hälfte der Zeit Erbsen mit in den Topf geben. Danach Wasser abgießen.

3 Zucchini säubern, Enden abschneiden und mit einem Spiralschneider in lange Fäden schneiden. Übrige Avocadohälfte schälen und Fruchtfleisch würfeln. Feta zerkrümeln.

4 Zucchininudeln mit Pesto, Erbsen, Brokkoli, Spinat, Avocado und Feta anrichten und servieren. Mit ein paar Walnüssen dekorieren.

Tipp: Wer möchte, kann die Zucchininudeln auch kurz in Salzwasser kochen.

Vegane Hauptspeisen

AVOCADOPESTO MIT SPAGHETTI

2 Port.

20 Min.

Leicht

Zutaten

1 Avocado
2 EL Hefeflocken
8 Basilikumblätter
Saft einer halben Zitrone
Etwas Wasser
1 EL geröstete Pinienkerne
1 Knoblauchzehe
170 g Spaghetti
60 ml Olivenöl
70 g getrocknete Tomaten (klein geschnitten)
1 kleine Zucchini (klein geschnitten)
Salz und Pfeffer

Nährwerte p. P.

696 kcal
59 g Kohlenhydrate
46 g Fett
20 g Eiweiß

1 Avocado schälen, entsteinen und mit Pinienkernen, Zitronensaft, Basilikum, der Hälfte des Öls sowie mit Hefeflocken und Knoblauch im Mixer fein pürieren. So viel Wasser zugeben, bis eine cremige Masse entstanden ist. Mit Salz und Pfeffer abschmecken.

2 Spaghetti nach Packungsanleitung in Salzwasser gar kochen und abgießen. Währenddessen das übrige Öl in eine Pfanne geben und die Tomaten 6-8 Minuten anbraten. Zucchini hinzufügen und alles weitere 5 Minuten braten. Mit Salz und Pfeffer würzen.

3 Nudeln und Avocadopesto mit in die Pfanne geben und alles vermengen. Dann auf Teller geben und servieren.

AVOCADO-AUBERGINEN-LASAGNE

4 Port.

40 Min.

Leicht

Zutaten

2 Avocados
2 Auberginen
2 Knoblauchzehen
2 TL Currypaste
2 TL Sojasoße
260 g Tempeh oder Tofu
Etwas Chilipulver
3 EL Pflanzenöl
Etwas Pfeffer
½ TL Salz
Öl zum Braten

Nährwerte p. P.

467 kcal
27 g Kohlenhydrate
34 g Fett
19 g Eiweiß

1 Auberginen säubern und in 12 1 cm dicke Scheiben schneiden. Knoblauch schälen, hacken und mit Öl, Salz und Pfeffer mischen. Damit die Auberginen-Scheiben einreiben. Diese anschließend in etwas Öl von beiden Seiten weich braten.

2 Tempeh würfeln und mit der Sojasoße und der Currypaste mischen. Dann 8 Minuten in einer Pfanne in etwas Öl anbraten.

3 Avocados halbieren, entsteinen, mit einer Gabel zerdrücken und würzen.

4 Lasagne in eine Auflaufform schichten. Dafür zwei Auberginen-Scheiben unten in die Form legen, dann etwas Avocadocreme aufstreichen und anschließend darauf das Tempeh schichten. Diesen Vorgang wiederholen, bis alle Zutaten aufgebraucht sind.

AVOCADO-TOFU-TELLER MIT GRAPEFRUIT

2 Port.

12 Std. 25 Min.

Leicht

Zutaten

1 Avocado
1 EL Fenchelsamen
75 ml Reisessig
1 rote Peperoni
30 ml Sojasoße
1 Grapefruit
240 g Tofu
1 EL Pinienkerne
1 Knoblauchzehe
4 Stiele Zitronenmelisse
45 ml Limettensaft
140 ml ungesüßte Mandelmilch
1 rote Zwiebel
Etwas Olivenöl
Salz und Pfeffer

Nährwerte p. P.

437 kcal
25 g Kohlenhydrate
30 g Fett
21 g Eiweiß

1 Fenchelsamen mörsern, dann in eine Schale geben. Knoblauch schälen, hacken und mit 1 TL Salz zu einer Paste mörsern.

2 Zitronenmelisse säubern, trocken schütteln und die Blätter abzupfen. Essig, Mandelmilch, 15 ml Limettensaft, ein paar Blätter der Zitronenmelisse, Sojasoße, Fenchelsamen und Knoblauchpaste vermengen.

3 Tofu in Scheiben schneiden und in der Marinade über Nacht kühl stellen. Dabei mit Frischhaltefolie umwickeln. Marinade abgießen.

4 Grapefruit schälen und dabei auch die weiße Haut entfernen. Filets herausschneiden und den Saft dabei auffangen. Zwiebel schälen, halbieren und in dünne Streifen schneiden. Peperoni säubern und hacken.

5 Avocado halbieren, entsteinen und das Fruchtfleisch in Spalten schneiden. Mit übrigem Limettensaft und etwas Salz mischen. Pinienkerne ohne Fett kurz in einer Pfanne anrösten.

6 Tofuscheiben, Avocadospalten, Zwiebelstreifen, Peperonistücke und Grapefruitfilets mit dem Saft auf Tellern anrichten. Mit Pinienkernen, übriger Zitronenmelisse und etwas Pfeffer bestreuen. Olivenöl darüber träufeln.

AVOCADO-BURGER

2 Port.

10 Min.

Leicht

Zutaten

1 Avocado
4 EL Leinsamen
30 ml Balsamicoessig
140 g gehackte oder gemahlene Mandeln
1 Peperoni
2 Knoblauchzehen
Etwas Meersalz
Ggf. etwas Olivenöl

Nährwerte p. P.

845 kcal
26 g Kohlenhydrate
73 g Fett
25 g Eiweiß

1 Leinsamen und Mandeln zusammen fein mixen. Peperoni säubern, entkernen und klein schneiden. Mit den übrigen Zutaten vermengen.

2 Aus der Masse zwei Burger formen. Die Burger können direkt verzehrt werden oder von beiden Seiten in etwas Öl in einer Pfanne kurz angebraten werden.

Tipp: Servieren Sie Ihren Lieblingsdip oder einen Salat zu den Burgern.

GEMÜSE-CURRY

4 Port.

40 Min.

Leicht

Zutaten

1 Avocado
1 Süßkartoffel
1 Paprika
1 Urkarotte (oder eine normale Möhre)
240 ml Kokosmilch (50 % Kokosnussanteil)
190 g lila Reis
2 Kartoffeln
1 Zwiebel
1 ½ EL Erdnusspaste
1 gehäufter EL Sesam
½ EL geriebener Ingwer
½ EL Chilipulver
½ EL Sojasoße
½ EL Olivenöl
1 Prise schwarzer Pfeffer
1 Topf Thymian
Salz

Nährwerte p. P.

543 kcal
70 g Kohlenhydrate
26 g Fett
12 g Eiweiß

1 Reis in Salzwasser gar kochen. Währenddessen Gemüse säubern und klein schneiden.

2 Öl in einer Pfanne erwärmen und Süßkartoffel, Kartoffeln und Zwiebel darin 10 Minuten braten. Übriges Gemüse zugeben, dann die Kokosmilch und die Erdnusspaste unterrühren. Ingwer ebenfalls hinzugeben und alles ein paar Minuten weiter garen.

3 Sojasoße und Chili zugeben, salzen und pfeffern und Avocadofruchtfleisch würfeln. Chili mit Reis, Thymian und Avocado anrichten. Mit Sesam bestreuen.

GEFÜLLTE OFENKARTOFFEL

4 Port. | 1 Std. 10 Min. | Leicht

Zutaten

1 Avocado
4 Kartoffeln
Saft einer Zitrone
8 Cocktailtomaten
150 g Simply V Streichgenuss Gartenkräuter
95 ml Haferdrink
1 gelbe Paprika
1 rote Paprika
2 EL Pinienkerne
30 ml Olivenöl
1 Stiel Liebstöckel
Meersalz und Pfeffer

Nährwerte p. P.

413 kcal
41 g Kohlenhydrate
26 g Fett
8 g Eiweiß

1 Kartoffeln säubern, einzeln auf ein Stück Alufolie legen, mit etwas Meersalz bestreuen und in die Folie wickeln. Kartoffeln auf ein mit Backpapier ausgelegtes Blech legen und bei 195 °C Ober- /Unterhitze im vorgeheizten Ofen auf mittlerer Ebene je nach Größe 40-50 Minuten weich backen.

2 Für das Topping Avocado schälen, entsteinen und klein schneiden. Paprikaschoten säubern und würfeln. Tomaten säubern und vierteln. Beides mit der Avocado mischen. Zitronensaft und Olivenöl untermengen und würzen.

3 Pinienkerne ohne Fett kurz in einer Pfanne anrösten. Streichgenuss mit dem Haferdrink verrühren und abschmecken.

4 Kartoffeln aus dem Ofen nehmen, Folie entfernen und die Kartoffeln oben aufschneiden. Streichgenuss auf die Kartoffeln geben. Darauf das Avocado-Topping verteilen sowie die Pinienkerne.

5 Liebstöckel säubern, trocken schütteln und die Kartoffeln mit den Blättern dekorieren.

AVOCADOCREMESUPPE

4 Port. 25 Min. Leicht

Zutaten

4 reife Avocados
95 g Mais (aus der Dose)
2 gehackte Schalotten
Abrieb von einer Orange
60 ml Kokosöl
30 ml Zitronensaft
2 Lorbeerblätter
950 ml Wasser
1 EL gehackter Ingwer
Salz und Pfeffer

Nährwerte p. P.

472 kcal
24 g Kohlenhydrate
44 g Fett
5 g Eiweiß

1 Avocados halbieren, entsteinen und Fruchtfleisch herauslösen. Öl im Topf erhitzen und darin Ingwer und Schalotten andünsten. Avocadofruchtfleisch, Zitronensaft und Mais unterrühren.

2 Wasser hinzugießen und Orangenabrieb und Lorbeerblätter zugeben. Bei mittlerer Temperatur 14-16 Minuten köcheln lassen.

3 Lorbeerblätter herausnehmen und die Suppe fein pürieren. Zum Schluss mi Salz und Pfeffer abschmecken.

BOHNEN-TOPF MIT AVOCADOSOẞE-DIP

4 Port.

45 Min.

Leicht

Zutaten

1 Avocado
1 Limette
390 g schwarze Bohnen (aus der Dose)
140 g Möhren
380 g orange Tomaten
1 EL geräuchertes Paprikapulver
1 Knoblauchzehe
140 g Stangensellerie
30 ml Olivenöl
1 rote Paprika
410 g Schwarzaugenbohnen (aus der Dose)
½ EL gemahlener Kreuzkümmel
240 ml Wasser
1 EL Knorr Gemüsebouillon
1 Zwiebel
Pfeffer

Nährwerte p. P.

670 kcal
56 g Kohlenhydrate
18 g Fett
34 g Eiweiß

1 Bohnen abgießen und abspülen. Zwiebel und Knoblauch schälen und hacken. Möhren, Tomaten, Sellerie und Paprika säubern und die Möhren und Tomaten schälen. Dann alles klein schneiden.

2 Knoblauch, Zwiebeln, Möhren und Paprika in Öl im Topf 8 Minuten andünsten. Bohnen, Kümmel und Paprikapulver zugeben. Dann Tomaten, Wasser und Gemüsebouillon unterrühren und mit Deckel 12 Minuten köcheln lassen. Dabei gelegentlich durchrühren.

3 Limette abbrausen, trocken tupfen und die Schale abreiben. Saft auspressen. Avocado halbieren, entsteinen, Fruchtfleisch herauslöffeln und mit einer Gabel zerdrücken. Mit Limettensaft, Limettenabrieb und Pfeffer abschmecken. Dip zu dem Eintopf servieren.

Bowls

POKÉ-BOWL

4 Port.

45 Min.

Leicht

Zutaten

Für die Bowls:
1 reife Avocado
190 g Basmatireis
380 ml Salzwasser
570 g Rotkohl
½ Gurke
240 g Edamame
390 g frisches Lachsfilet
Etwas Zucker
Etwas Salz

Für das Dressing:
1 EL Wasabi
115 ml Mirin (japanischer Reiswein)
30 ml Sesamöl
60 ml Sojasoße

Außerdem:
1 Töpfchen Shisokresse
1 EL Sesam

Nährwerte p. P.

692 kcal
79 g Kohlenhydrate
28 g Fett
36 g Eiweiß

1 Reis in dem Wasser nach Packungsangabe gar kochen. Abgießen, kalt abspülen und abtropfen lassen. Edamame in etwas Wasser 4 Minuten kochen, dann ebenfalls abgießen, kalt abspülen und abtropfen lassen.

2 Rotkohl säubern und in feine Streifen schneiden. Mit ½ TL Salz und etwas Zucker mischen. Gurke säubern und in feine Scheiben schneiden. Lachs abwaschen, abtupfen und klein schneiden. Avocado halbieren, entsteinen und das Fruchtfleisch in feine Scheiben schneiden.

3 Für das Dressing Mirin, Wasabi und Sojasoße vermengen und Öl unterrühren.

4 Alle Zutaten in Bowls anrichten und das Dressing darübergeben. Kresse abschneiden und mit dem Sesam über die Bowls streuen.

RINDFLEISCH-BOWL MIT TORTILLACHIPS

4 Port.

40 Min.

Leicht

Zutaten

2 Avocados
290 g Langkornreis
220 g Kidneybohnen
1 rote Chilischote
3 große Tomaten
½ rote Zwiebel
2 Limetten
3 Knoblauchzehen
30 ml Öl
390 g Rinderhack
Salz
190 g Tortillachips

Nährwerte p. P.

1059 kcal
110 g Kohlenhydrate
52 g Fett
41 g Eiweiß

1 Reis nach Packungsanleitung in Salzwasser garen. Währenddessen Bohnen abgießen, abspülen und abtropfen lassen. Limetten heiß abwaschen, trocken tupfen, Schale abreiben und den Saft auspressen.

2 Zwiebel schälen und in dünne Streifen schneiden. Diese mit einem Viertel des Limettensaftes und etwas Salz vermengen. Avocados halbieren, entsteinen und das Fruchtfleisch klein schneiden. Tomaten säubern und würfeln. Avocadostücke, Zwiebeln und Tomaten vermischen und etwas salzen.

3 Knoblauch schälen und eine der Zehen zu dem gekochten und abgegossenen Reis pressen. Limettenabrieb und übrigen Limettensaft mit den Bohnen unter den Reis rühren.

4 Chilischote säubern, entkernen und hacken. Hack und Chili in dem Öl in einer Pfanne gut 6 Minuten braten. Dabei oft durchrühren. Übrige Knoblauchzehe hineinpressen und kurz mitbraten. Anschließend salzen. Reis in Schalen geben. Hack und Avocado-Salsa dazugeben. Dazu die Chips reichen.

AVOCADO-KICHERERBSEN-BOWL

2 Port.

45 Min.

Leicht

Zutaten

Für die Bowl:
1 Avocado
390 g Kichererbsen (aus der Dose)
1 Zucchini
30 ml Olivenöl
140 g Kirschtomaten
95 g Basmatireis
2 Handvoll Schnittsalat
Salz

Für das Dressing:
1 rote Zwiebel
45 ml Olivenöl
2 TL heller Balsamicoessig

Nährwerte p. P.

925 kcal
88 g Kohlenhydrate
54 g Fett
21 g Eiweiß

1 Kichererbsen abgießen und kalt abwaschen. Mit 15 ml Olivenöl und etwas Salz mischen und auf einem mit Backpapier ausgelegten Blech im vorgeheizten Ofen bei 195 °C Umluft 20 Minuten backen. In der Zwischenzeit den Reis nach Packungsanleitung gar kochen.

2 Zucchini säubern, Enden abschneiden, halbieren und in feine Scheiben schneiden. Tomaten säubern und halbieren. Avocado halbieren, entsteinen und das Fruchtfleisch in Scheiben schneiden. Salat säubern und trocken schütteln.

3 Zucchini in 15 ml Olivenöl in einer Pfanne kurz anbraten und salzen.

4 Für das Dressing Zwiebel schälen und würfeln. Mit Öl und Essig mischen. Alle Zutaten auf zwei Schalen verteilen und das Dressing darübergeben.

QUINOA-BOWL

4 Port.

40 Min.

Leicht

Zutaten

Für die Bowl:
1 Avocado
2 TL Olivenöl
190 g Quinoa
2 Möhren
240 g Kichererbsen (aus der Dose)
95 g Babyspinat
190 g Kirschtomaten
1 Topf Minze
1 TL gemahlener Kümmel
2 TL Sesam
Salz und Pfeffer

Für das Dressing:
3 EL Sesampaste
1 Limette
30 ml heller Balsamicoessig
1 Knoblauchzehe
30 g Ahornsirup
Ggf. etwas Wasser
Salz und Pfeffer

1 Quinoa im Sieb waschen, abtropfen lassen und nach Packungsangabe gar kochen. Kichererbsen sieben, mit dem Olivenöl vermengen und im vorgeheizten Ofen bei 175 °C Ober-/Unterhitze 25 Minuten backen.

2 Währenddessen Spinat säubern und trocken schütteln. Möhren säubern, schälen und reiben. Tomaten säubern und halbieren. Minze säubern, trocken schütteln und die Blätter hacken. Sesam ohne Fett kurz anrösten. Avocado halbieren, entsteinen und das Fruchtfleisch in Spalten schneiden.

3 Für das Dressing Limette auspressen und 1 EL des Saftes auf die Avocadospalten geben. Knoblauch schälen und hacken. Mit Sesampaste, übrigem Limettensaft, Essig und Ahornsirup vermengen. Würzen und ggf. etwas Wasser zugeben.

4 Kichererbsen aus dem Ofen nehmen und mit Salz, Pfeffer und Kümmel würzen. Quinoa, Möhren, Kichererbsen, Avocadospalten, Spinat und Tomaten in Schalen anrichten. Dressing darübergeben und die Bowls mit Sesam bestreuen. Mit der Minze garnieren.

Nährwerte p. P.

517 kcal
59 g Kohlenhydrate
24 g Fett
16 g Eiweiß

Tipp: Reichern Sie die Bowl für den extra Kick zusätzlich mit Fetakäse an!

GEMÜSE-BOWL MIT JOGHURT-DIP

4 Port.

40 Min.

Leicht

Zutaten

½ Avocado (in Würfeln)
1 Knoblauchzehe (gehackt)
580 g Blumenkohl (in Röschen)
30 ml Olivenöl
470 g Möhren (gestiftelt)
55 g Chicorée (in Streifen)
2 EL gemischte, gehackte Kräuter
30 ml Zitronensaft
45 g Kirschtomaten (halbiert)
95 g Naturjoghurt (3,5 % Fett)
2 rote Paprika (in Streifen)
30 g Quinoa
55 ml kochendes Wasser
Meersalz und Pfeffer

Nährwerte p. P.

425 kcal
62 g Kohlenhydrate
15 g Fett
13 g Eiweiß

1 Blumenkohl, Möhren, Paprika, Knoblauch und Öl mit etwas Salz und Pfeffer vermengen und auf ein mit Backpapier ausgelegtes Backblech geben. Bei 175 °C Umluft im vorgeheizten Ofen ungefähr 30 Minuten backen.

2 Quinoa mit dem Wasser aufgießen, durchrühren und 4 Minuten beiseitestellen. Joghurt mit 15 ml Zitronensaft, den Kräutern und etwas Salz und Pfeffer vermengen.

3 Quinoa mit Ofengemüse, Chicorée, Tomaten und Avocadowürfeln in einer Bowl anrichten. Übrigen Zitronensaft über die Avocadowürfel geben und zu der Bowl den Kräuter-Dip reichen.

AVOCADO-HÄHNCHEN-BOWL

4 Port. 40 Min. Leicht

Zutaten

Für die Salsa:
6 Tomaten (gehackt)
1 Topf glatte Petersilie
1 Bund Frühlingszwiebeln
½ EL Rohrzucker
1 rote Chilischote
30 ml Olivenöl
Saft einer halben Limette
½ EL Salz
Etwas Zucker
Etwas Pfeffer

Für die Bowls:
1 ½ Avocado
4 Weizentortillas
480 g Hühnerbrustfilet
1 EL Paprikapulver
2 EL Hähnchengewürz
230 g Kichererbsen (aus der Dose)
1 Kopf Schnittsalat
40 ml Limettensaft
1 EL Sesam
½ EL Currypulver
½ EL Schwarzkümmel
90 ml Olivenöl

Nährwerte p. P.

810 kcal
56 g Kohlenhydrate
48 g Fett
43 g Eiweiß

1 Fleisch mit dem Hähnchengewürz und 30 ml Olivenöl einreiben. Dann in 30 ml Öl knusprig von beiden Seiten anbraten und anschließend beiseitestellen.

2 Salat säubern und in Stücke zupfen. Kichererbsen mit Curry- und Paprikapulver sowie dem übrigen Öl für die Bowls in einer Auflaufform vermengen. Im vorgeheizten Ofen bei 175 °C Umluft 16-18 Minuten backen.

3 Für die Salsa Frühlingszwiebeln und Chilischote säubern und klein schneiden. Petersilienblätter abzupfen, säubern und trocken schütteln. Dann grob hacken und mit der Chili und den Frühlingszwiebeln mischen. Mit Salz, Pfeffer und Zucker würzen. Öl untermengen.

4 Avocados halbieren, entsteinen und Fruchtfleisch in Streifen schneiden. Mit Limettensaft beträufeln.

5 Salsa in eine tiefe Schale geben. Salat und übrige Zutaten nach und nach darin anrichten. Salsa darübergeben und mit Kümmel bestreuen.

6 Tortillas ohne Fett in einer Pfanne von beiden Seiten jeweils 1 Minute anbraten und zu der Bowl servieren.

SUSHI-BOWL MIT TERIYAKI-RINDFLEISCH

 2 Port.

 1 Std. 20 Min.

 Leicht

Zutaten

Für den Reis:
190 g Sushireis
10 ml Reisessig
Etwas Zucker
Salz

Für das Fleisch:
55 ml Sojasoße
½ EL Sesamöl
75 ml Orangensaft
160 g Rinderfilet
3 EL Honig
1 TL Sushi-Ingwer (eingelegter Ingwer, speziell für Sushi)
Etwas schwarzer Pfeffer (in Körnern)
1 EL Öl

Für die Avocadowürfel:
1 Avocado
Etwas Limettensaft
Salz und Pfeffer

Außerdem:
Sesamkörner

Nährwerte p. P.

767 kcal
117 g Kohlenhydrate
23 g Fett
28 g Eiweiß

1 Fleisch in Streifen schneiden. Sojasoße, Sesamöl, Orangensaft, Ingwer und Honig vermengen und Fleisch 30 Minuten darin einlegen.

2 Sushireis nach Packungsanleitung kochen oder im Reiskocher garen.

3 Avocado halbieren, entsteinen und würfeln. Mit Limettensaft und etwas Salz und Pfeffer würzen. Essig mit etwas Salz und Zucker mischen und auf den fertig gegarten (und abgegossenen) Reis geben.

4 Fleisch in etwas Öl in einer Pfanne beidseitig anbraten. Herausnehmen und die übrige Marinade in der Pfanne erhitzen. Herd abschalten und das Fleisch nochmals in der Soße wenden.

5 Sushireis auf Schalen verteilen, Teriyaki-Fleisch darübergeben, mit Avocado bestreuen und mit Sesam anrichten.

COUSCOUS-GARNELEN-BOWL

4 Port.

35 Min.

Leicht

Zutaten

1 Avocado
240 g Datteltomaten
300 g Almare Garnelen Pfännchen (Sorte: Chilibutterzubereitung)
Saft einer Zitrone
30 g mittelscharfer Senf
290 g Gemüsebrühe aus dem Glas (z. B. von Le Gusto)
290 g Couscous
1 Handvoll Petersilie
2 EL Olivenöl
1 rote Paprika
2 TL Honig
1 Granatapfel
140 g Joghurt
Salz und schwarzer Pfeffer

Nährwerte p. P.

721 kcal
83 g Kohlenhydrate
34 g Fett
24 g Eiweiß

1 Garnelen-Pfännchen bei 175 °C Umluft im vorgeheizten Ofen 6-8 Minuten garen. Anschließend warm halten. Brühe würzig abschmecken und aufkochen. Couscous hineingeben, Topf von der Platte nehmen und geschlossen 4-6 Minuten ziehen lassen. Dann mit einer Gabel durchrühren.

2 Petersilie säubern, trocken schütteln und hacken. Mit Olivenöl, Senf, der Hälfte des Zitronensaftes und etwas Salz und Pfeffer unter den Couscous rühren. Avocado und Paprika schälen, entkernen und würfeln. Tomaten säubern und halbieren. Granatapfel aufschneiden und die Kerne herauslösen. Joghurt mit dem übrigen Zitronensaft sowie mit Honig und etwas Salz und Pfeffer verrühren.

3 Couscous auf Schalen verteilen und nacheinander die übrigen Zutaten in der Schale anrichten. Einen Klecks Joghurt darübergeben.

Tipp: Zu der Bowl am besten geröstetes Baguette servieren. Getoppt werden kann die Bowl außerdem mit knusprig gebratenem Bacon oder gerösteten Nüssen!

International & Speziell

ASIATISCHES LACHSTATAR

4 Port.

35 Min.

Leicht

Zutaten

2 reife Avocados
480 g Lachsfilet (angefroren oder gekühlt)
30 ml Zitronensaft
½ TL Sesamöl
20 ml Olivenöl
½ rote Zwiebel (gewürfelt)
15 ml Sojasoße
30 ml Avocado- oder Rapsöl
1 Prise Zucker
1 EL Sesam (geröstet)
Meersalz und Pfeffer

Nährwerte p. P.

538 kcal
11 g Kohlenhydrate
43 g Fett
28 g Eiweiß

1 Lachs in Scheiben, dann in Streifen und zuletzt in kleine Würfel schneiden. In eine Schale geben. Zwiebel, Sesam- und Olivenöl, 20 ml Zitronensaft sowie Sojasoße zugeben und alles mit einer Gabel vermengen. Mit Zucker, Meersalz und Pfeffer würzen. 25 Minuten kühl stellen.

2 Avocados halbieren, entsteinen und Fruchtfleisch in kleine Würfel schneiden. Mit dem übrigen Zitronensaft beträufeln, würzen und mit Avocado- oder Rapsöl mischen.

3 Avocadowürfel in einen Anrichtering geben. Lachstatar darübergeben und etwas andrücken. Ring behutsam wegnehmen und das Tatar mit Sesam bestreuen.

Tipp: Das Lachstatar kann mit ½ TL süßem Senf, etwas Sake (japanischer Reiswein) und etwas gehacktem Dill verfeinert werden. Dazu passt geröstetes Brot.

AVOCADO-QUICHE

8 Port.

45 Min.

Leicht

Zutaten

2 reife Avocados
190 g griechischer Joghurt
½ Topf Dill, grob geschnitten
1 Msp. Muskatnuss (gemahlen)
4 Eier
300 g Quiche- und Tarteteig (z. B. von Tante Fanny)
½ Topf Petersilie, grob geschnitten
8 halbierte Kirschtomaten
Etwas Öl
Salz und Pfeffer

Nährwerte p. P.

293 kcal
22 g Kohlenhydrate
20 g Fett
8 g Eiweiß

1 Joghurt, Petersilie, Dill, Avocado und Eier mixen. Danach mit Salz, Pfeffer und Muskatnuss würzen. Teig entrollen und in eine geölte Tarteform legen, Rand andrücken.

2 Joghurtmasse in die Tarte streichen, Tomaten säubern und darauflegen. Bei 175 °C Umluft im vorgeheizten Ofen 30-40 Minuten auf unterster Schiene backen.

AVOCADO-SURIMI-SUSHI

6 Port.

1 Std. 10 Min.

Leicht

Zutaten

Für den Reis:
490 g Sushireis
490 ml Wasser

Für die Essigmischung:
9 EL Reisessig
110 g Zucker
45 g Salz

Für den Belag:
4 Avocados
4 Nori-Algenblätter
2 EL Wasabi
15 Surimi
Etwas Wasser

Nährwerte p. P.

634 kcal
98 g Kohlenhydrate
21 g Fett
16 g Eiweiß

1 Reis waschen und in dem Wasser geschlossen 16-18 Minuten köcheln lassen. Ab und zu umrühren. Anschließend ein Geschirrtuch zwischen Deckel und Topf legen und den Reis auf diese Weise lauwarm abkühlen lassen.

2 Essig im Topf erwärmen und Salz und Zucker darin auflösen. In einem kalten Wasserbad erkalten lassen und mit dem Reis vermengen.

3 Avocados halbieren, entsteinen und das Fruchtfleisch in Scheiben schneiden. Surimi längs halbieren und die Algenblätter in Streifen schneiden.

4 Hände etwas befeuchten. Nach und nach 1-2 EL Reis zu einem Sushi mit ovaler Form formen und mit etwas Wasabi bestreichen. Jeweils mit Avocado oder Surimi belegen und die Algenstreifen herumwickeln. Etwas kaltes Wasser auf die Enden geben, damit die Nähte halten. Diesen Vorgang wiederholen, bis alle Zutaten zu fertigem Sushi verarbeitet wurden.

ENCHILADAS

4 Port.

1 Std. 10 Min.

Leicht

Zutaten

Für die Füllung:
1 Avocado
½ EL Knoblauchpulver
1 Tomate
390 g Mais (aus der Dose)
390 g schwarze Bohnen (aus der Dose)
1 Frühlingszwiebel
1 Topf Koriander
4 große Tortillas
Salz

Für die Soße:
760 ml Gemüsebrühe
2 gehackte Zwiebeln
45 ml Olivenöl
½ EL Oregano
½ TL Zimt
2 EL Zartbitterschoko-laden-Creme
3 gehackte Knoblauchzehen
45 g Weizenmehl
½ TL Cayennepfeffer

Nährwerte p. P.

684 kcal
92 g Kohlenhydrate
27 g Fett
19 g Eiweiß

1 Für die Soße Öl erwärmen und Knoblauch mit Zwiebeln, Zimt und Oregano eine Weile anschwitzen. Mehl zugeben und ein paar Minuten mitdünsten.

2 Brühe portionsweise unterrühren, alles zum Kochen bringen und 25 Minuten lang köcheln lassen. Gelegentlich umrühren. Schokocreme zugeben und Soße abschmecken.

3 Mais und Bohnen sieben und in eine Schale geben. Tomate und Frühlingszwiebel säubern. Avocadofruchtfleisch und Tomate würfeln. Frühlingszwiebel klein schneiden. Knoblauchpulver und gesäuberten und gehackten Koriander mit in die Schale geben. Alles salzen und durchrühren.

4 Tortillas mit der Füllung bestreichen, einrollen und nebeneinander mit der offenen Seite nach unten in eine Auflaufform legen. Soße darübergießen. Falls etwas von der Füllung übrig bleibt, kann diese später dazu serviert werden.

5 Enchiladas bei 175 °C Umluft im vorgeheizten Ofen 25 Minuten backen.

FRUCHTIGES SEETEUFEL-CEVICHE

2 Port.

1 Std. 15 Min.

Leicht

Zutaten

2 reife Avocados
2 Limetten
½ Baby-Ananas
1 Tomate
75 ml Olivenöl
210 g Seeteufelfilet (ohne Haut und Gräten)
½ Chilischote
4 Basilikumzweige
2 TL Ahornsirup
Salz und schwarzer Pfeffer

Nährwerte p. P.

672 kcal
43 g Kohlenhydrate
50 g Fett
22 g Eiweiß

1 Schale einer Limette abreiben und beide anschließend auspressen. Fischfilet kalt abwaschen, abtupfen und in Würfel schneiden. Mit Limettenabrieb und dem Saft einreiben. 50 Minuten kühl stellen.

2 Ananas schälen, Strunk entfernen und würfeln. Tomate säubern, entkernen und klein schneiden. Chili säubern, entkernen und hacken. Avocados halbieren, entsteinen, etwas Öl auf die Schnittfläche geben und die Avocadohälften ein paar Minuten grillen.

3 Avocados auf eine Platte legen und würzen. Basilikumblätter abzupfen, säubern und fast alle Blätter mit Ahornsirup und übrigem Olivenöl pürieren. Mischung mit Chili, Tomatenstücken, Ananas- und Seeteufelwürfeln sowie 1 EL der Marinade vermengen.

4 Ceviche würzen und auf die warmen Avocadohälften geben. Mit etwas Basilikum bestreuen und servieren.

AVOCADO-ONIGIRI

2 Port.

45 Min.

Leicht

Zutaten

½ Avocado
140 g Sushireis
4 EL Mirin (japanischer Reiswein)
50 g Sesam
Etwas Wasabi
Etwas Sojasoße
Salz

Nährwerte p. P.

566 kcal
80 g Kohlenhydrate
21 g Fett
13 g Eiweiß

1 Reis nach Packungsanleitung in Salzwasser gar kochen. Reis abgießen und mit Sesam und Mirin mischen. 10 Minuten stehen lassen.

2 Avocado schälen, entsteinen und klein schneiden.

3 Hände etwas mit Wasser befeuchten, etwas Reis in die Hand nehmen und zusammenpressen. Wenige Avocadowürfel hineinlegen, mit Reis bedecken und gut zu einem Dreieck zusammendrücken. Diesen Vorgang wiederholen, bis der gesamte Reis und die Avocadowürfel aufgebraucht sind.

4 Mit Wasabi und Sojasoße genießen.

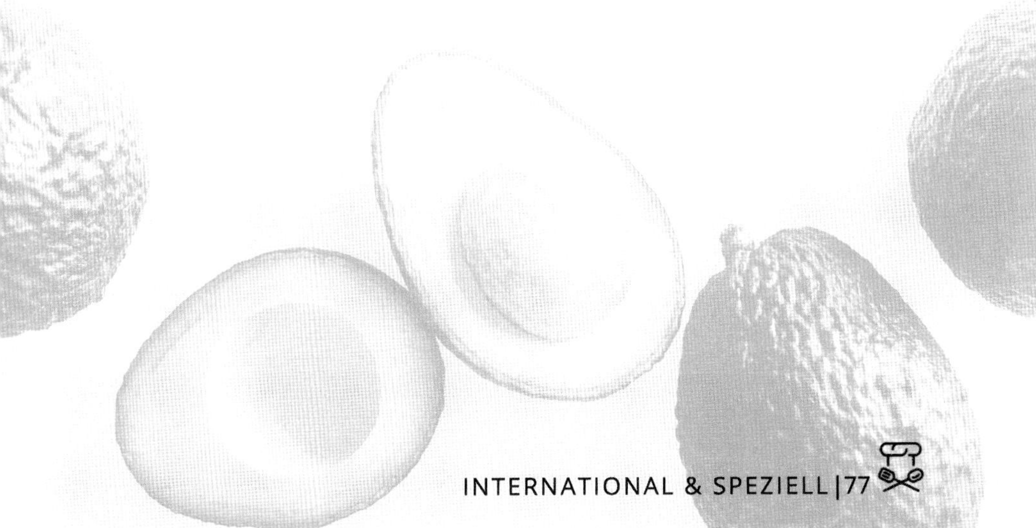

PATACONES MIT GUACAMOLE

4 Port.

25 Min.

Leicht

Zutaten

2 reife Avocados
3 Tomaten
45 ml Zitronensaft
3 grüne Kochbananen
1 Topf Koriander
1 Zwiebel
Etwas Olivenöl
Salz und Pfeffer

Nährwerte p. P.

386 kcal
59 g Kohlenhydrate
19 g Fett
5 g Eiweiß

1 Tomaten häuten, entkernen und klein schneiden. Zwiebel schälen und würfeln. Koriander säubern und bis auf ein paar Blätter hacken. Avocados halbieren, entsteinen und aushöhlen. Fruchtfleisch mit einer Gabel zerdrücken. Alles mit Zitronensaft vermengen und würzen.

2 Bananen in dickere Scheiben schneiden und in Öl bei normaler Temperatur 8 Minuten beidseitig braten. Herausnehmen und mithilfe eines Becherbodens in dünne Scheiben drücken. Würzen und bei starker Temperatur erneut 3-4 Minuten von beiden Seiten braten.

3 Bananenscheiben um die Guacamole herum dekorieren und mit dem übrigen Koriander anrichten.

Smoothies & Getränke

JOGHURT-AVOCADO-SHAKE MIT BASILIKUM

3 Port.

5 Min.

Leicht

Zutaten

1 Avocado
1 EL Zitronensaft
95 ml Vollmilch
380 g Joghurt (3,5 % Fett)
1 Topf Basilikum
Salz und Pfeffer

Nährwerte p. P.

219 kcal
14 g Kohlenhydrate
15 g Fett
8 g Eiweiß

1 Avocado halbieren, entsteinen, Fruchtfleisch mit einem Löffel herauslösen und in einen Mixer geben. Basilikum säubern und die Hälfte der Blätter grob hacken.

2 Alles bis auf die übrigen Basilikumblätter im Mixer gut pürieren. Mit etwas Salz und Pfeffer abschmecken.

3 In drei große Gläser umfüllen und mit den übrigen Basilikumblättern garnieren.

AVOCADO-DETOX-DRINK

4 Port.

30 Min.

Leicht

Zutaten

½ Avocado
230 ml Kokoswasser
190 g Erdbeeren
Saft einer Zitrone
1 Apfel
2 TL Kokosöl
2 Stangen Staudensellerie
Etwas Honig
1 Rote Bete
4 Eiswürfel

Nährwerte p. P.

146 kcal
20 g Kohlenhydrate
8 g Fett
2 g Eiweiß

1 Rote Bete schälen, vierteln und 20 Minuten im Topf weich kochen. Avocado entsteinen und Fruchtfleisch herauslöffeln. Apfel und Sellerie säubern und klein schneiden. Erdbeeren säubern und Strunk entfernen.

2 Rote Bete abgießen und mit den übrigen Zutaten, bis auf die Eiswürfel, im Mixer fein mixen.

3 In vier Gläser umfüllen und je einen Eiswürfel hineingeben.

AVOCADO-SHAKE MIT BANANE

2 Port.

10 Min.

Leicht

Zutaten

1 Avocado
3 EL Honig
1 Banane
Mark einer Vanilleschote
480 ml Vollmilch
1 EL Mandelblättchen

Nährwerte p. P.

497 kcal
64 g Kohlenhydrate
25 g Fett
11 g Eiweiß

1 Mandelblättchen ohne Fett in einer Pfanne kurz von allen Seiten bräunen. Avocado schälen, entsteinen und stückeln. Schale der Banane ablösen.

2 Avocado, Banane, Vanillemark, Milch und Honig pürieren.

3 Shake in Gläser füllen und mit den Mandelblättchen garnieren.

GESUNDER SCHOKO-SHAKE

1 Port.

5 Min.

Leicht

Zutaten

1 Avocado
190 ml Mandelmilch
30 g Backkakao
1 Banane
2 EL Agavendicksaft

Nährwerte p. P.

624 kcal
87 g Kohlenhydrate
34 g Fett
9 g Eiweiß

1 Avocado und Banane schälen und Kern der Avocado herauslösen. Beides klein schneiden.

2 Alle Zutaten in einen Mixer geben und gut pürieren.

3 In ein großes Glas umfüllen und genießen.

LEICHTES AVOCADO-WASSER

1 Port. 5 Min. Leicht

Zutaten

1 Avocado
2 Tassen Wasser
2 TL Rohrzucker
5 EL Limettensaft
1 Prise Salz
2 Eiswürfel

Nährwerte p. P.

365 kcal
30 g Kohlenhydrate
30 g Fett
4 g Eiweiß

1 Avocado schälen, entsteinen und vierteln.

2 Alle Zutaten, bis auf die Eiswürfel, im Mixer pürieren.

3 Avocado-Wasser in ein Glas umfüllen und die Eiswürfel hineingeben.

AVOCADO-MELONEN-DRINK

3 Port.

10 Min.

Leicht

Zutaten

1 Avocado
2 TL Honig
Saft einer halben Limette
½ Honigmelone
190 g Joghurt (3,5 % Fett)
190 ml Vollmilch

Nährwerte p. P.

290 kcal
37 g Kohlenhydrate
14 g Fett
7 g Eiweiß

1 Melone und Avocado schälen und entkernen. Beides klein schneiden.

2 Mit den übrigen Zutaten in einem Mixer fein mixen.

3 In drei Gläser umfüllen und genießen.

GEMÜSE-SMOOTHIE

2 Port. 10 Min. Leicht

Zutaten

1 Avocado
240 g Spinatblätter
½ EL gehackter Ingwer
1 EL Zitronensaft
170 g Gurke
1 Stange Staudensellerie
40 g Hanfsamen
8 Eiswürfel
290 ml Haferdrink
Je 1 Prise Cayenne-pfeffer und Salz

Nährwerte p. P.

383 kcal
25 g Kohlenhydrate
26 g Fett
13 g Eiweiß

1 Haferdrink in einen Mixer gießen. Gemüse säubern, Sellerie schälen und Avocado halbieren, entsteinen sowie das Fruchtfleisch herauslöffeln. Gemüse klein schneiden.

2 Alle Zutaten (bis auf die Eiswürfel) mit in den Mixer geben und gut pürieren. Eiswürfel hineingeben und nochmals mixen.

3 Smoothie in Gläser umfüllen und genießen.

KOKOS-SHAKE MIT AVOCADO UND GURKE

4 Port. 10 Min. Leicht

Zutaten

½ Avocado
2 TL Honig
240 ml Kokosmilch
95 ml Zitronensaft
½ Gurke
4 Eiswürfel
6 Minzblätter

Nährwerte p. P.

183 kcal
11 g Kohlenhydrate
16 g Fett
2 g Eiweiß

1 Avocado schälen und entsteinen. Gurke ebenfalls schälen. Beides klein schneiden.

2 Mit Milch, Honig und Zitronensaft fein pürieren.

3 In zwei Gläser umfüllen, je zwei Eiswürfel pro Glas hineingeben und mit den Minzblättern (vorher kurz abbrausen) garnieren.

Desserts

VEGANES AVOCADO-SCHOKODESSERT

4 Port.

27 Min.

Leicht

Zutaten

1 reife Avocado
170 g Datteln
95 ml Wasser
30 g Haselnüsse
380 g Rhabarber
190 ml Hafer-Cuisine
1 EL Backkakao
2 EL Mandelmus
2 Pck. Vanillezucker
2 Prisen Salz

Nährwerte p. P.

380 kcal
50 g Kohlenhydrate
20 g Fett
6 g Eiweiß

1 Datteln mit kochendem Wasser begießen und 12 Minuten ziehen lassen.

2 Rhabarber säubern und in Stücke schneiden. Wasser im Topf mit dem Vanillezucker zum Kochen bringen. Rhabarber darin ein paar Minuten bei wenig Hitze köcheln, dann herausnehmen.

3 Nüsse hacken und mit einer Prise Salz in einer Pfanne anrösten. Dann herausnehmen.

4 Datteln abtropfen lassen. Avocado halbieren, entsteinen und das Fruchtfleisch zusammen mit Hafer-Cuisine, Datteln und Nüssen im Mixer pürieren. Mandelmus, 1 Prise Salz und Kakao hineingeben und nochmals mixen.

5 Schokocreme auf Schälchen verteilen und mit Rhabarber und den Nüssen servieren.

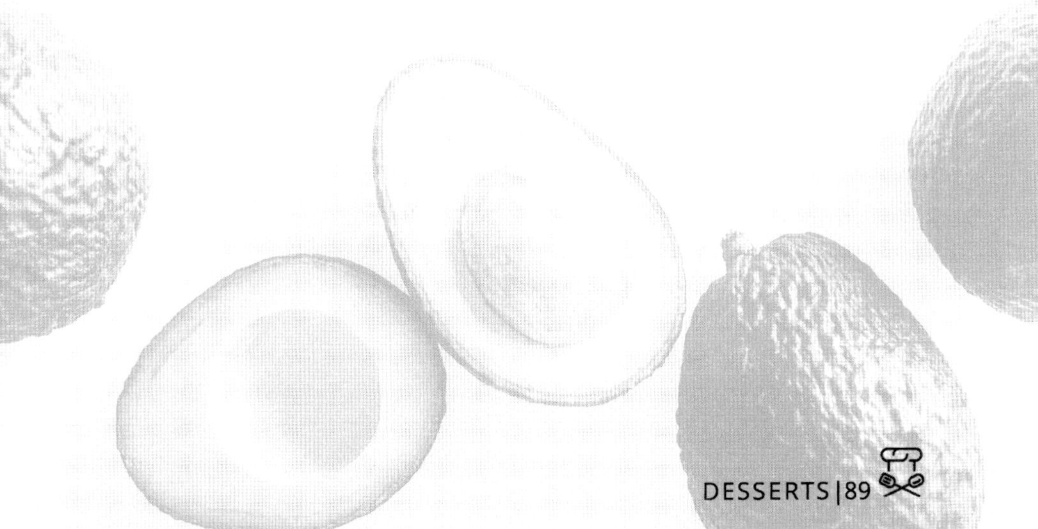

AVOCADO-LIMETTEN-KUCHEN

 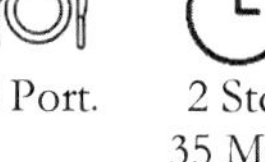 

8 Port. | 2 Std. 35 Min. | Leicht

Zutaten

Für den Kuchen:
1 sehr reife Avocado
½ EL Limettensaft
1 Prise Salz
1 Pck. Vanillezucker
1 Pck. Backpulver
4 Eier
330 g Weizenmehl
190 g sehr weiche Butter
140 g Zucker
95 ml Vollmilch
45 g gemahlene Mandeln

Für den Guss:
190 g Puderzucker
2 EL Limettensaft

Außerdem:
Etwas Butter und Mehl für die Form
Ein paar Erdbeeren für die Dekoration

Nährwerte p. P.

608 kcal
78 g Kohlenhydrate
29 g Fett
10 g Eiweiß

1 Avocado halbieren, entsteinen und Fruchtfleisch würfeln. Mit Limettensaft mixen.

2 Vanillezucker, Zucker, Eier und Salz aufschlagen, dann Butter nach und nach unterrühren. Mehl, Backpulver und Mandeln ebenfalls zugeben. Zum Schluss die Avocado untermengen.

3 Kastenform fetten und mit etwas Mehl bestreuen. Teig hineingeben und glatt streichen. Im vorgeheizten Ofen bei 175 °C Ober-/Unterhitze auf mittlerer Ebene ca. 55 Minuten backen. Danach eine Weile abkühlen lassen, stürzen und vollständig erkalten lassen.

4 Für den Guss Limettensaft und Puderzucker vermengen, sodass ein einigermaßen dickflüssiger Guss entsteht. Ggf. etwas Puderzucker oder Limettensaft hinzufügen. Guss über den Kuchen geben und mit den Erdbeeren dekorieren.

Tipp: Für eine knallige, appetitliche Farbe können Sie den Kuchenteig mit grüner Lebensmittelfarbe einfärben!

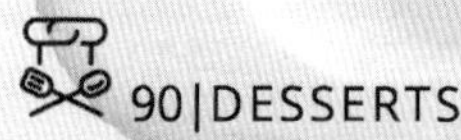

FRUCHTIGES AVOCADO-MOUSSE

4 Port.

2 Std.
15 Min.

Leicht

Zutaten

2 Avocados
90 ml Vollmilch
2 TL Zitronensaft
45 g Backkakao
240 g Mango (Fruchtfleisch)
30 g Zartbitterschokolade
½ Vanilleschote
60 g Ahornsirup

Nährwerte p. P.

316 kcal
40 g Kohlenhydrate
19 g Fett
4 g Eiweiß

1 Avocados halbieren, entsteinen und Fruchtfleisch mit Zitronensaft mixen.

2 Vanilleschote längs aufschneiden, Mark herauskratzen, mit dem Sirup und dem Kakao zu der Avocadocreme in den Mixer geben und nochmals mixen.

3 Milch zugeben und ein letztes Mal mixen. Dann die Creme auf Schälchen verteilen, mit Frischhaltefolie abdecken und 2 Stunden in den Kühlschrank stellen.

4 Kurz vor Ende der Zeit Mango klein schneiden und die Schokolade hacken. Beides auf der Mousse dekorieren und servieren.

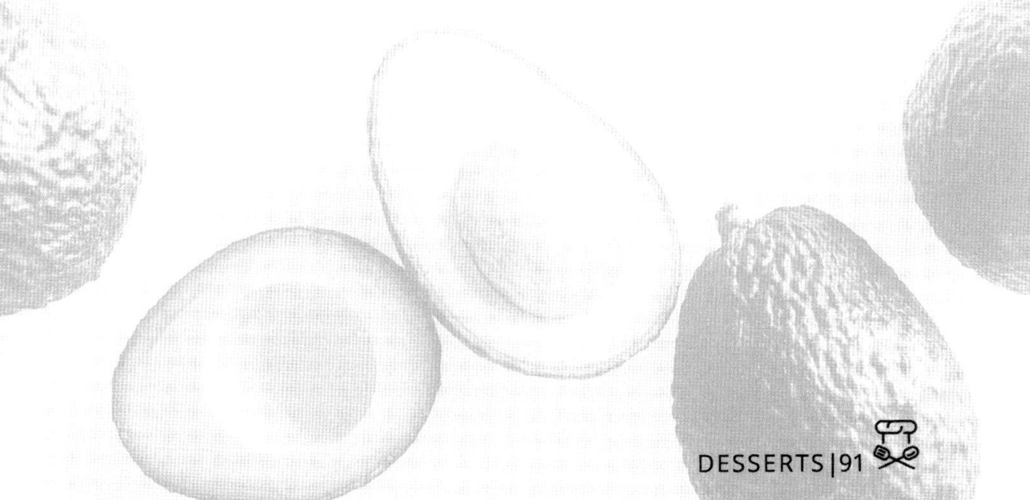

AVOCADO-SORBET MIT SCHOKOSOßE

4 Port.

5 Std.
45 Min.

Leicht

Zutaten

2 Avocados
120 g Zucker
120 ml Wasser
¼ TL gemahlene Vanille
190 ml Kokosmilch
2 Limetten

Für die Soße:
6 EL Wasser
5 g Zucker
2 TL Backkakao
40 g Zartbitterkuvertüre

Nährwerte p. P.

437 kcal
48 g Kohlenhydrate
29 g Fett
4 g Eiweiß

1 Zucker und Wasser im Topf erhitzen, bis der Zucker aufgelöst ist. Dabei gelegentlich umrühren. Von der Platte nehmen und abkühlen lassen.

2 Eine Limette heiß abwaschen, trockentupfen und die Schale abreiben. Beide Limetten auspressen. Avocados halbieren, entsteinen und das Fruchtfleisch mit 4 EL des Limettensaftes gut mixen. Kokosmilch, Limettenabrieb, Zuckerwasser und Vanille untermischen.

3 Masse in eine Metallschale umfüllen und mit Frischhaltefolie abgedeckt ins Gefrierfach stellen. Nach einer Stunde die Masse durchrühren. Danach alle 30 Minuten durchrühren, bis die Masse in ca. 5 Stunden gefroren ist.

4 Für die Soße Wasser, Kakao und Zucker in einem kleinen Topf zum Kochen bringen. Kuvertüre hacken, Topf von der Herdplatte nehmen und Kuvertüre darin schmelzen lassen.

5 Sorbet auf Schälchen verteilen und mit der Soße überziehen.

AVOCADO-QUARK-NACHTISCH MIT HIMBEERTOPPING

4 Port.

30 Min.

Leicht

Zutaten

3 Avocados
240 g Himbeeren (tiefgekühlt)
110 g Quark
1 Orange
45 g gehackte Pistazien
75 g Erythrit

Nährwerte p. P.

368 kcal
44 g Kohlenhydrate
27 g Fett
10 g Eiweiß

1 Himbeeren mit 30 g Erythrit im Topf etwas erwärmen, sodass die Himbeeren auftauen.

2 Orange heiß abwaschen und abtupfen. Schale abreiben und den Saft auspressen. ½ EL des Orangenabriebs mit in den Topf geben und die Soße abkühlen lassen.

3 Avocados halbieren, entsteinen und Fruchtfleisch herauslöffeln. Mit Quark, Orangensaft und übrigem Erythrit im Mixer pürieren.

4 Creme auf 4 Gläser verteilen, die Soße darübergeben und mit den Pistazien bestreuen.

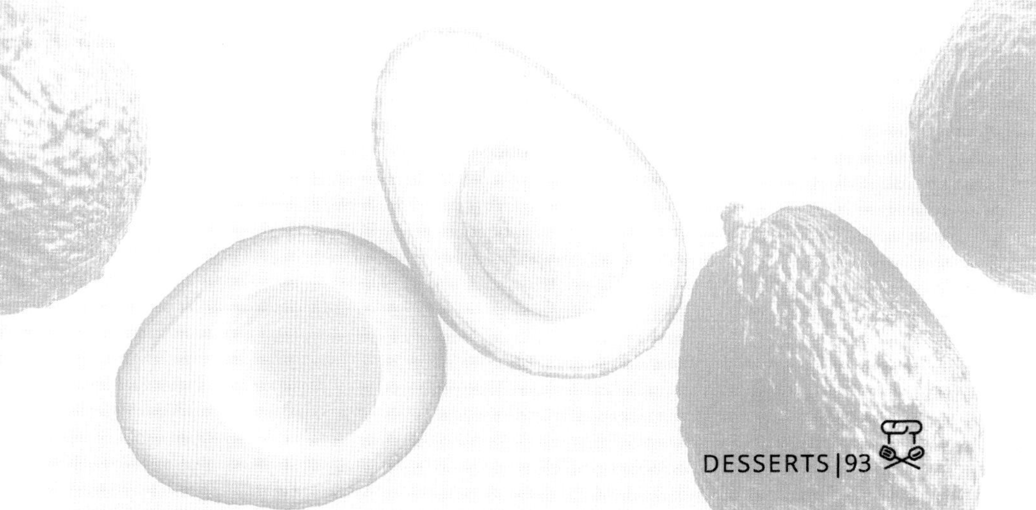

GESUNDER SCHOKOPUDDING

2 Port.

5 Std.
35 Min.

Leicht

Zutaten

1 sehr reife Avocado
140 ml Vollmilch
2 TL Ahornsirup
30 g Chiasamen
45 g Backkakao
2 TL Kokosöl

Nährwerte p. P.

387 kcal
29 g Kohlenhydrate
30 g Fett
8 g Eiweiß

1 Avocado halbieren, entsteinen und das Fruchtfleisch herauslöffeln.

2 Avocadofruchtfleisch mit den übrigen Zutaten im Mixer pürieren.

3 Pudding auf Schälchen verteilen und 35 Minuten kühl stellen.

Tipp: Am besten genießen Sie den Pudding mit frischen Früchten, wie z. B. Mandarinen.

AVOCADO-JOGHURT-DESSERT MIT PISTAZIEN

4 Port.

5 Min.

Leicht

Zutaten

2 Avocados
75 g Honig
60 ml Limettensaft
40 g gehackte Pistazien
240 g griechischer Joghurt

Nährwerte p. P.

303 kcal
28 g Kohlenhydrate
20 g Fett
8 g Eiweiß

1 Avocado halbieren, entsteinen und das Fruchtfleisch herauslöffeln. Honig und Limettensaft vermengen und Avocadofruchtfleisch darin mithilfe einer Gabel zerdrücken.

2 Avocadocreme auf Schalen verteilen, Joghurt daraufgeben und die Pistazien darüberstreuen.

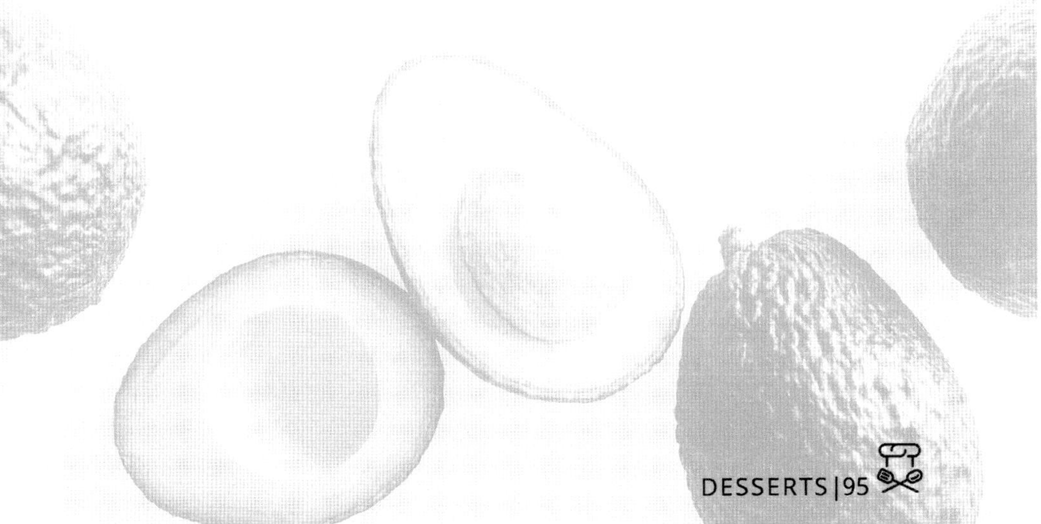

MANDEL-AVOCADO-BROWNIES

12 Port.

1 Std. 15 Min.

Leicht

Zutaten

2 Avocados
190 g Zartbitterschokolade
4 Eier
190 g Zucker
45 ml Öl
4 EL Backkakao
95 g gemahlene Mandeln
2 TL Puderzucker
½ TL Backpulver
1 Prise Salz
1 EL gehobelte Mandeln

Nährwerte p. S.

313 kcal
29 g Kohlenhydrate
20 g Fett
6 g Eiweiß

1 Schokolade hacken und im Wasserbad schmelzen. Dann zur Seite stellen.

2 Avocadofruchtfleisch mit Zucker, Öl und Eiern pürieren. Schokolade unterrühren. Masse in eine Rührschale umfüllen.

3 Gemahlene Mandeln, Backpulver, Kakao und Salz untermischen und den Teig in eine mit Backpapier ausgelegte Auflaufform füllen.

4 Brownies bei 175 °C Ober-/Unterhitze gut 30 Minuten backen. Anschließend 30 Minuten erkalten lassen.

5 Mit Puderzucker und den gehobelten Mandeln bestreuen und servieren.

Fingerfood/Snacks

AVOCADO-CHIPS MIT SHRIMPS

4 Port.

35 Min.

Leicht

Zutaten

Für die Guacamole:
2 reife Avocados
2 TL Zitronensaft
2 Tomaten
2 Knoblauchzehen
Salz und Pfeffer

Für die Chips:
14 Chips
2 TL Öl
3 Knoblauchzehen
14 geschälte Garnelen
Kräuter n. B.
Salz und Pfeffer

Nährwerte p. P.

274 kcal
17 g Kohlenhydrate
22 g Fett
8 g Eiweiß

1 Für die Guacamole Tomaten säubern und klein schneiden. Knoblauch schälen und hacken. Avocados halbieren, entsteinen und das Fruchtfleisch mit dem Knoblauch mixen.

2 Zitronensaft und etwas Salz und Pfeffer untermengen. Tomaten unterheben.

3 Für die Chips Knoblauch schälen und hacken. Dann in dem Öl in einer Pfanne kurz anbraten und Garnelen hineingeben. Von beiden Seiten ein paar Minuten braten, bis sie bräunlich gefärbt sind. Garnelen herausnehmen und etwas abkühlen lassen.

4 Je einen Klecks der Guacamole in die Mitte der Chips setzen und je eine Garnele darauflegen. Etwas würzen und mit gehackten Kräutern bestreuen.

AVOCADO-GURKENRÖLLCHEN

4 Port.

15 Min.

Leicht

Zutaten

150 g Guacamole, aber ohne Tomaten (s. Rezept auf S. 98)
1 Gurke
4 Tortilla-Wraps
Zahnstocher

Nährwerte p. P.

257 kcal
30 g Kohlenhydrate
14 g Fett
6 g Eiweiß

1 Gurke säubern und in hauchdünne Scheiben schneiden (am besten mit einem Sparschäler). Aus den Wraps zuerst große Quadrate und diese weiter in 4 cm breite Streifen schneiden.

2 Die Streifen mit Guacamole bestreichen und die Gurkenscheiben darauflegen.

3 Streifen aufrollen und mit einem Zahnstocher befestigen.

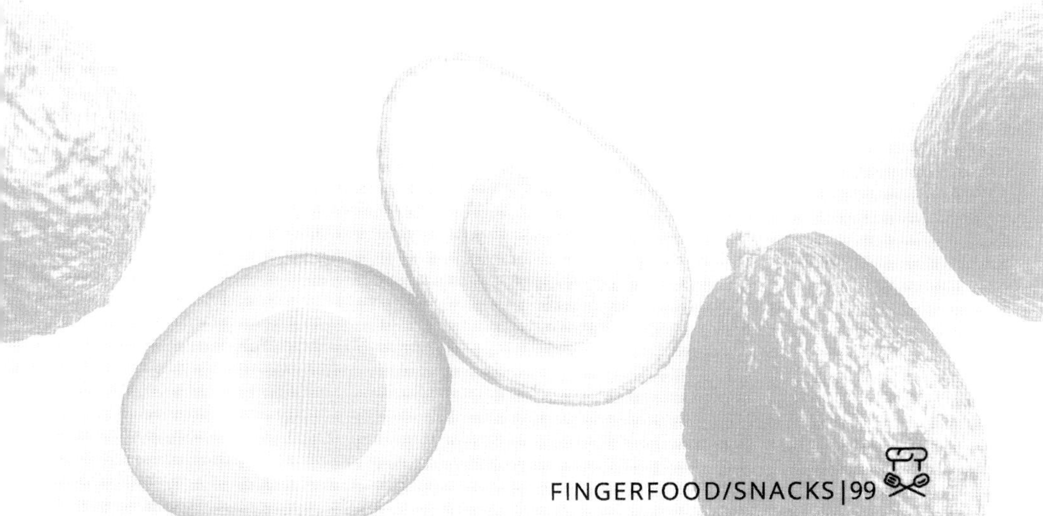

FRITTIERTE AVOCADO

3 Port.

20 Min.

Leicht

Zutaten

3 reife Avocados
30 ml Zitronensaft
2 Eier
3 EL Weizenmehl
5 EL Panko (japanisches Paniermehl)
½ EL Salz
480 ml Pflanzenöl

Nährwerte p. P.

664 kcal
47 g Kohlenhydrate
50 g Fett
13 g Eiweiß

1 Avocados halbieren und entsteinen. Fruchtfleisch herauslösen und in Streifen schneiden. Mit Zitronensaft beträufeln.

2 Eier verquirlen. Mehl, Eier und Panko auf drei verschiedene Teller geben. In dieser Reihenfolge die Avocadostreifen hineintunken.

3 Öl in einer Pfanne erhitzen und die panierten Avocadostreifen darin frittieren. Anschließend auf einen Teller mit Küchenpapier legen und etwas salzen.

Tipp: Dazu passt eine süßsaure Soße.

BROTTALER MIT FETA UND AVOCADO

3 Port.

10 Min.

Leicht

Zutaten

1 Avocado
4 Scheiben Vollkornbrot
1 Pck. Fetakäse
1 Pck. getrocknete Tomaten
½ TL Chiliflocken
Salz und Pfeffer

Nährwerte p. P.

524 kcal
49 g Kohlenhydrate
30 g Fett
22 g Eiweiß

1 Mit einer runden Ausstechform Taler aus dem Brot stechen. Feta in dünne Scheiben schneiden und auf die Taler legen.

2 Avocado halbieren, entsteinen und das Fruchtfleisch in Streifen schneiden. Auf den Feta legen und würzen.

3 Je eine getrocknete Tomate auf die Avocadostreifen setzen, mit Chili, Salz und Pfeffer würzen und servieren.

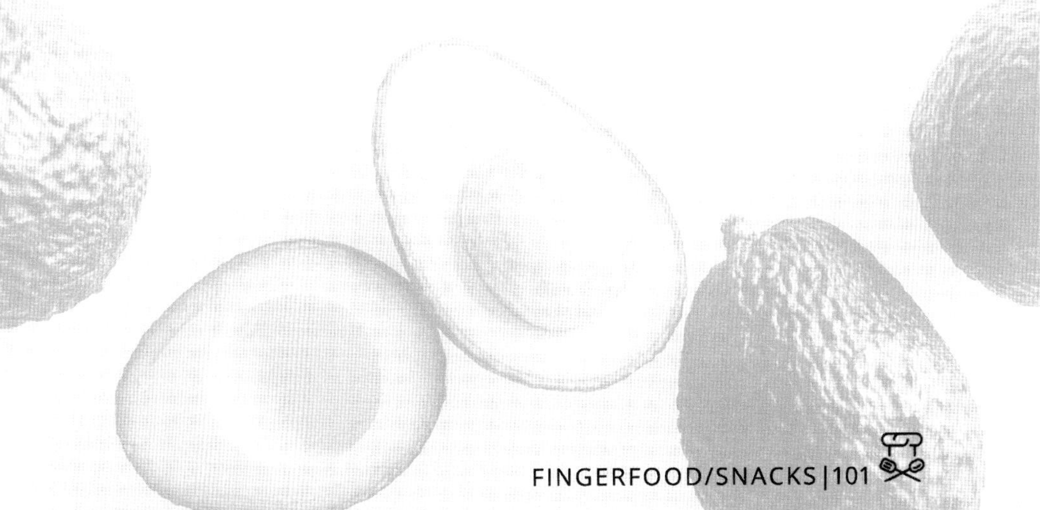

SÜẞKARTOFFEL-HÄPPCHEN MIT GUACAMOLE

4 Port.

35 Min.

Leicht

Zutaten

Für die Süßkartoffelscheiben:
¾ TL Kreuzkümmel
1 große Süßkartoffel
Etwas Olivenöl
Salz und Pfeffer

Für die Guacamole:
2 reife Avocados
1 Tomate
1 Zitrone
3 Frühlingszwiebeln
Etwas Olivenöl
Salz und Pfeffer

Außerdem:
6 Scheiben Bacon
1 TL Butter

Nährwerte p. P.

362 kcal
27 g Kohlenhydrate
28 g Fett
6 g Eiweiß

1 Süßkartoffel schälen und in Scheiben schneiden. Diese in eine Schale geben und Olivenöl, Kümmel, Salz und Pfeffer zugeben. Mit den Händen vermengen.

2 Scheiben auf ein mit Backpapier ausgelegtes Blech legen. Dann bei 175 °C Umluft im vorgeheizten Ofen 14-16 Minuten backen. Anschließend abkühlen lassen.

3 Währenddessen für die Guacamole Avocados halbieren, entsteinen, das Fruchtfleisch herauslöffeln und mit etwas Zitronensaft der ausgepressten Zitrone sowie etwas Olivenöl mit einer Gabel zerdrücken. Gut würzen und mit dem übrigen Zitronensaft abschmecken.

4 Frühlingszwiebeln säubern und den weißen Teil klein schneiden und hacken. Tomate säubern, halbieren und entkernen. Fruchtfleisch in dünne Streifen schneiden und klein würfeln. Beides unter die Guacamole mischen.

5 Bacon in der Butter in einer Pfanne kross anbraten. Dann auf einen mit Küchenpapier belegten Teller legen und kurz abkühlen lassen.

6 Guacamole auf die Süßkartoffelscheiben geben und den Bacon, in Stücke gebrochen, darüberstreuen.

CHAMPIGNONS-AVOCADO-CROSTINI

4 Port.

20 Min.

Leicht

Zutaten

2 reife Avocados
2 TL Crème fraîche
1 Baguette
½ Topf Koriander
30 ml Zitronensaft
95 g kleine Champignons
10 Scheiben Bündnerfleisch
Salz und Pfeffer

Nährwerte p. P.

359 kcal
39 g Kohlenhydrate
17 g Fett
16 g Eiweiß

1 Avocados halbieren, entsteinen, Fruchtfleisch herauslöffeln und mit einer Gabel zerdrücken. Crème fraîche, Zitronensaft und etwas Salz und Pfeffer untermischen.

2 Koriander säubern, trocken schütteln und die Blätter hacken. Champignons putzen und in dünne Scheiben schneiden.

3 Baguette in breitere Scheiben schneiden und auf ein mit Backpapier belegtes Blech legen. Im vorgeheizten Ofen bei 165 °C Umluft 4 Minuten von beiden Seiten rösten. Danach herausnehmen.

4 Avocadocreme auf das noch warme Brot streichen. Je eine Scheibe des Bündnerfleischs zusammendrehen und auf die Brotscheiben legen. Die übrigen Baguettescheiben mit den Champignons belegen und mit etwas Pfeffer bestreuen.

5 Baguette auf einem großen Teller anrichten und mit dem Koriander bestreuen.

PUMPERNICKELTALER MIT PIKANTEM AVOCADO-FRISCHKÄSE

6 Port.

20 Min.

Leicht

Zutaten

2 Avocados
1 Limette
18 Pumpernickeltaler
1 grüne Chilischote
45 g Frischkäse
8 Rote-Bete-Chips
Salz und Pfeffer

Nährwerte p. P.

219 kcal
22 g Kohlenhydrate
13 g Fett
5 g Eiweiß

1 Limette säubern, trocken tupfen und die Schale abreiben. Dann auspressen. Chilischote säubern und hacken. Avocados halbieren, entsteinen, das Fruchtfleisch aus der Schale löffeln und mit Frischkäse, Limettenabrieb, Limettensaft und Chili im Mixer zu einer Creme pürieren.

2 Creme salzen und pfeffern und in einen Spritzbeutel mit einer Sterntülle geben. Je einen großen Spritzer auf einen Brottaler setzen.

3 Fünf Chips grob zerbrechen und die Brottaler damit dekorieren. Übrige Chips zerkrümeln und auf die Creme streuen.

GEFÜLLTER CHICORÉE

4 Port.

15 Min.

Leicht

Zutaten

2 Avocados
2 Chicorée
1 rote Paprika
1 Handvoll Koriander
1 Zwiebel
150 g Tomaten
Saft einer Limette
30 ml Olivenöl
1 Prise Kreuzkümmel (gemahlen)
Salz und Pfeffer

Nährwerte p. P.

260 kcal
16 g Kohlenhydrate
23 g Fett
3 g Eiweiß

1 Blätter des Chicorées lösen und säubern. Zwiebel schälen und klein schneiden. Avocados halbieren, entsteinen, Fruchtfleisch aus der Schale lösen und würfeln. Paprika und Tomaten säubern und klein schneiden.

2 Gemüsewürfel mit dem Limettensaft in einer Schale vermengen. Koriander säubern, bis auf einige Blätter hacken und unter das Gemüse geben. Kümmel, Öl, Salz und Pfeffer zugeben und abschmecken.

3 Chicoréeblätter auf Teller legen, mit der Avocado-Salsa befüllen und mit den übrigen Korianderblättern garnieren.

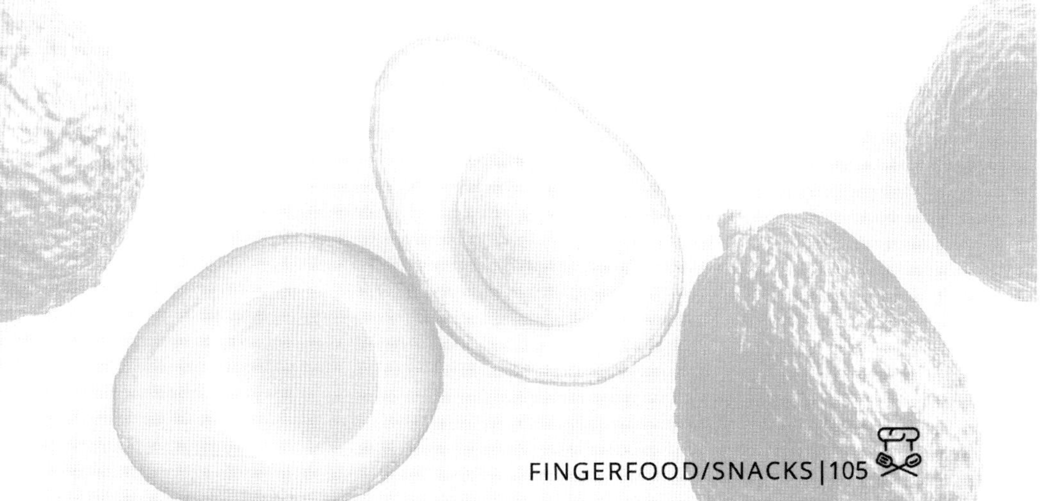

Bonus: Kosmetik

AVOCADO-GESICHTSMASKE

1 Port.

20 Min.

Leicht

Zutaten

½ Avocado
1 TL Joghurt
2 TL Olivenöl
1 TL Honig
1 Schuss Vollmilch

1 Avocadofruchtfleisch grob mit einer Gabel zerdrücken. Übrige Zutaten unterrühren und alles pürieren.

2 Masse 15 Minuten lang kühl stellen.

3 Maske großzügig auf das Gesicht auftragen und dabei die Augen- und Mundpartie auslassen. Einige Minuten einwirken lassen.

4 Maske mit lauwarmem Wasser abspülen.

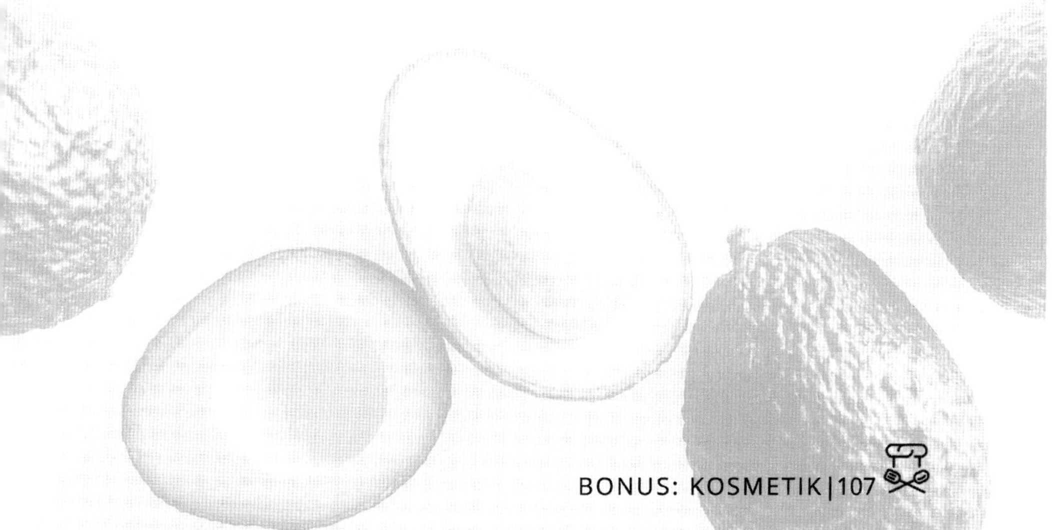

AVOCADO-KUR FÜR TROCKENES HAAR

1 Port.

5 Min.

Leicht

Zutaten

1 reife Avocado
1 TL Olivenöl

1 Avocadofruchtfleisch mit einer Gabel zerdrücken und das Öl untermischen.

2 Kur im ganzen Haar einmassieren und 30 Minuten einwirken lassen.

3 Haare mit lauwarmem Wasser auswaschen und die Haare mit Shampoo waschen.

Tipp: Die Haare am besten mit Frischhaltefolie umwickeln und darüber ein Handtuch wickeln. So verstärkt sich die Wirkung der Kur.

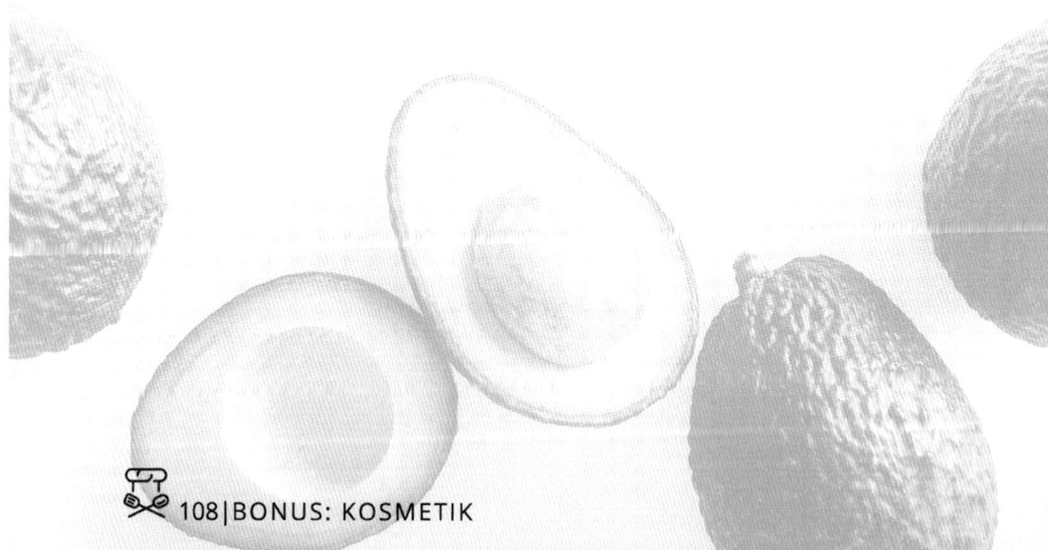

AVOCADO-KUR FÜR TROCKENES HAAR

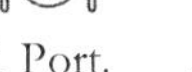

1 Port. 5 Min. Leicht

Zutaten

1 reife Avocado
1 TL Olivenöl

1 Avocadofruchtfleisch mit einer Gabel zerdrücken und das Öl untermischen.

2 Kur im ganzen Haar einmassieren und 30 Minuten einwirken lassen.

3 Haare mit lauwarmem Wasser auswaschen und die Haare mit Shampoo waschen.

Tipp: Die Haare am besten mit Frischhaltefolie umwickeln und darüber ein Handtuch wickeln. So verstärkt sich die Wirkung der Kur.

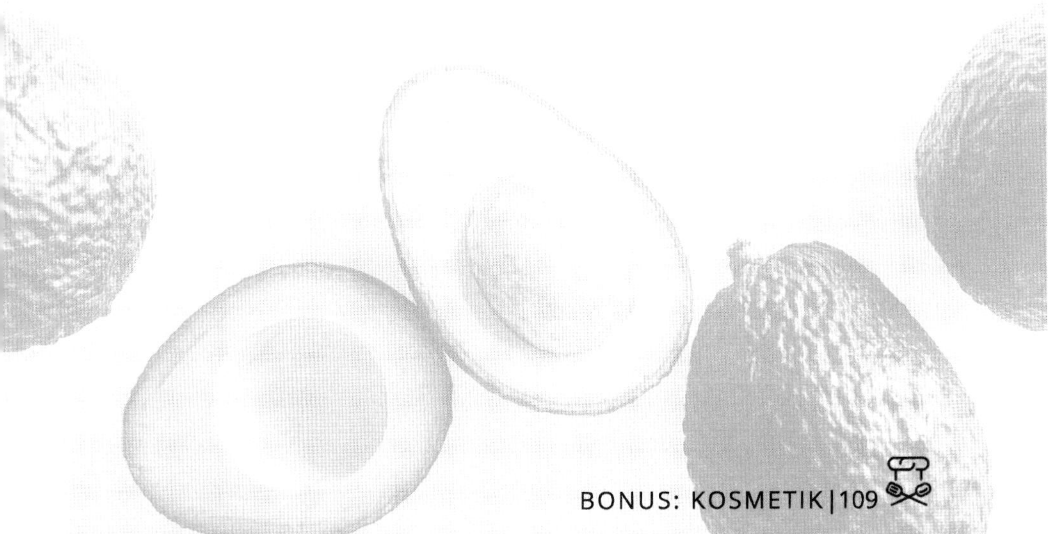

HANDMASKE MIT AVOCADO

1 Port. 5 Min. Leicht

Zutaten

½ Avocado
1 Eigelb
Saft einer halben Zitrone

1 Fruchtfleisch der Avocado pürieren. Eigelb und Zitronensaft untermischen.

2 Masse gut auf den Händen verreiben und für streichelzarte Hände 20 Minuten einwirken lassen.

3 Anschließend mit lauwarmem Wasser abspülen.

Tipp: Sie können sich dünne Baumwollhandschuhe überziehen, nachdem Sie die Handmaske aufgetragen haben. So kann die Maske besser einziehen und landet nicht auf Ihrer Kleidung.

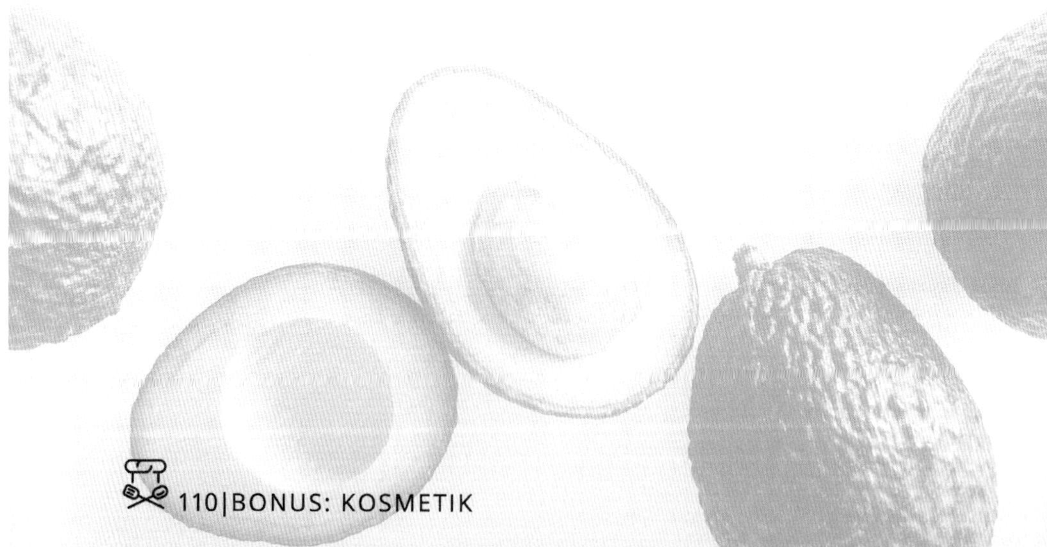

GESICHTSMASKE FÜR UNREINE HAUT

1 Port.

20 Min.

Leicht

Zutaten

½ Avocado
1 Bio-Zitrone
Etwas Muskatnuss

1 Fruchtfleisch der Avocado mit einer Gabel zerdrücken. Zitrone halbieren und auspressen. 1-2 EL des Saftes unter die Avocadomasse rühren. Muskatnuss ebenfalls unterrühren. Dieses wirkt antibakteriell und entzündungshemmend.

2 Maske 15 Minuten kühl stellen.

3 Dann im Gesicht auftragen und 6-8 Minuten einwirken lassen.

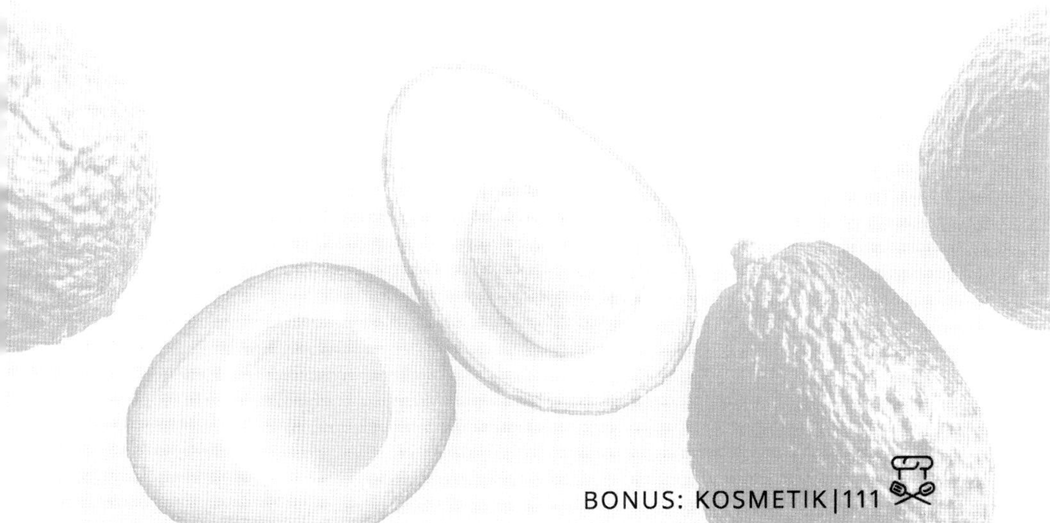

AVOCADO-NAGELPFLEGE

1 Port.

5 Min.

Leicht

Zutaten

½ reife Avocado
1 reife Banane

1 Avocadofruchtfleisch und Banane pürieren.

2 Hände unter die Masse schieben und 10 Minuten einwirken lassen. So werden die Nägel mit den Vitaminen und mit Zink von Avocado und Banane versorgt.

3 Mit lauwarmem Wasser abspülen.

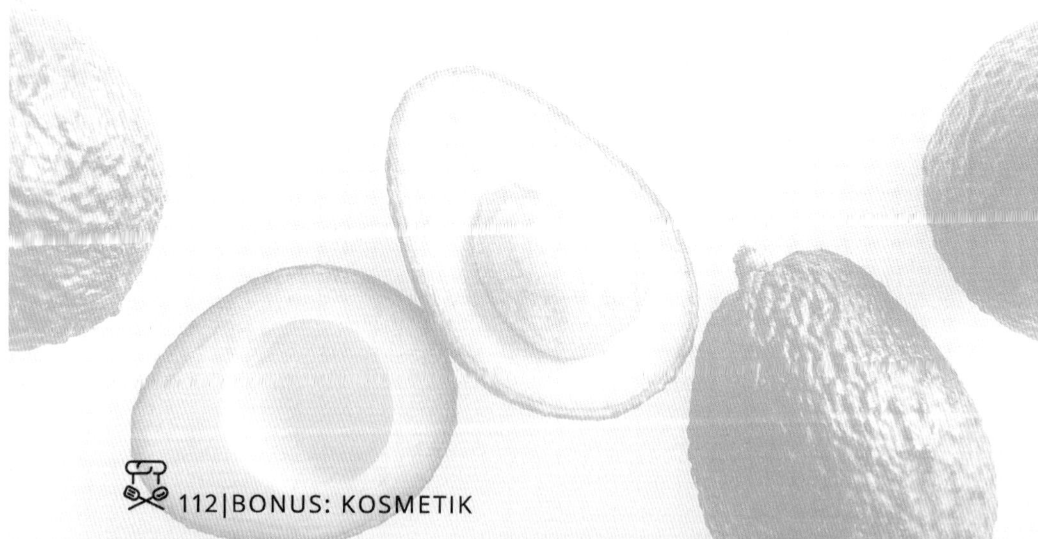

AVOCADO-HONIG-KUR MIT JOGHURT

1 Port.

5 Min.

Leicht

Zutaten

½ reife Avocado
Etwas Olivenöl
2 TL Honig
70 g Vollmilchjoghurt

1 Avocadofruchtfleisch pürieren und die übrigen Zutaten unterrühren.

2 Kur auf die Haare auftragen, hochstecken und 60 Minuten einwirken lassen. Bei langen Haaren kann die Kur auch doppelt so lange einwirken.

3 Haare auswaschen und mit einem milden Shampoo waschen.

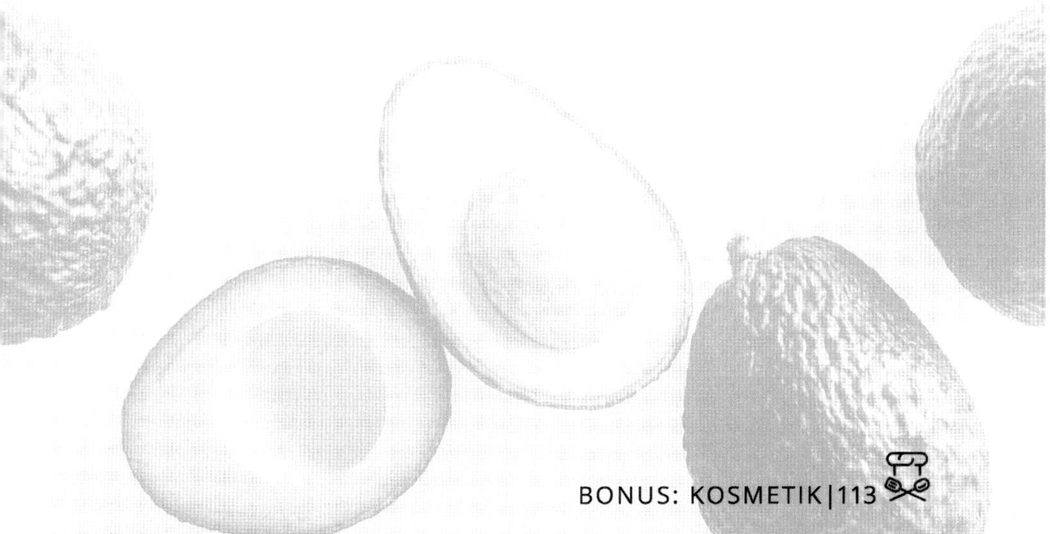

AVOCADO-KÖRPER- UND LIPPEN-PEELING

1 Port.

5 Min.

Leicht

Zutaten

½ Avocado
1 TL brauner Zucker
1 TL Honig
1 TL Olivenöl

1 Fruchtfleisch der Avocado pürieren. Übrige Zutaten unterrühren.

2 Masse als Peeling auf die Haut geben und einreiben oder etwas auf den Lippen verteilen.

3 6-8 Minuten einwirken lassen und mit Wasser abwaschen. Das Peeling ist feuchtigkeitsspendend und gibt Ihnen ein glattes Hautgefühl!

AVOCADOKERN-PFLEGESHAMPOO

1 Port.

13 Std.

Leicht

Zutaten

140 ml Avocadokernsud (s. Zubereitungsschritt 1-3)
3 EL Roggenmehl
1 Prise feines Meersalz

1 Einen Avocadokern säubern, abtrocknen und einen Tag trocknen lassen.

2 Mit einer Handreibe fein raspeln oder mit einem Mixer zerkleinern.

3 Raspel und 480 ml Wasser in einen Topf geben und 30 Minuten mit geschlossenem Deckel köcheln lassen. Anschließend sieben und den Sud auffangen und abkühlen lassen (reicht für mehrere Zubereitungen).

4 Mehl, Salz und 90 ml des Suds verrühren. Dann den übrigen Sud zugeben und vermengen, bis keine Klümpchen mehr da sind.

5 Masse im feuchten Haar einmassieren, kurz einwirken lassen und mit warmem Wasser in einem harten Strahl ausspülen.

Tipp: Lagern Sie den Sud im Kühlschrank. So hält er sich mehrere Wochen!